Kristina C.M. Geries

Lese-Rechtschreibstörungen (LRS)
Ein Ratgeber für Eltern und pädagogische Berufe

RATGEBER

für Angehörige, Betroffene und Fachleute

herausgegeben von
Dr. Jürgen Tesak †

Kristina C.M. Geries

Lese-Rechtschreib-störungen (LRS)

Ein Ratgeber für Eltern und pädagogische Berufe

 Das Gesundheitsforum

Bibliografische Information der Deutschen Nationalbibliothek

Die Deutsche Nationalbibliothek verzeichnet diese Publikation in der Deutschen Nationalbibliografie; detaillierte bibliografische Daten sind im Internet über http://dnb.d-nb.de abrufbar.

Die Informationen in diesem Ratgeber sind von der Verfasserin und dem Verlag sorgfältig erwogen und geprüft, dennoch kann eine Garantie nicht übernommen werden. Eine Haftung der Verfasserin bzw. des Verlages und seiner Beauftragten für Personen-, Sach- und Vermögensschäden ist ausgeschlossen.

Besuchen Sie uns im Internet: www.schulz-kirchner.de

3., überarb. Auflage 2012
2., überarb. Auflage 2007
1. Auflage 2003
ISBN 978-3-8248-0425-2
© Schulz-Kirchner Verlag GmbH, 2012
Mollweg 2, D-65510 Idstein
Vertretungsberechtigter Geschäftsführer: Dr. Ullrich Schulz-Kirchner
Titelabbildung: © Christian Schwier - Fotolia.com
Lektorat: Doris Zimmermann
Umschlagentwurf und Layout: Petra Jeck
Druck und Bindung:
TZ-Verlag & Print GmbH, Bruchwiesenweg 19, 64380 Roßdorf
Printed in Germany

Auch als E-Book und App (z.B. für iPhone und iPad) erhältlich unter der ISBN 978-3-8248-0660-7

Inhaltsverzeichnis

Vorwort zur Reihe	7
Einleitung	9
Lese-Rechtschreibstörung (LRS) – Was ist das?	**11**
Geschichte der LRS	11
Was ist was?	13
Welche Annahmen über die LRS sind falsch?	15
Woher kommt die LRS?	**16**
Forschungserkenntnisse zu Gehirnaufbau und -funktion	16
Kann die LRS vererbt werden?	17
Gibt es einen Zusammenhang von Bewegungsfähigkeit (Motorik) und LRS?	18
Führen Schwierigkeiten innerhalb der Sprachentwicklung zur LRS?	18
Was hat die Wahrnehmung mit der LRS zu tun?	19
Organische Faktoren und äußere Einflüsse	23
Ursachenmodell	25
Wie und von wem wird die LRS festgestellt?	**26**
Tests und andere diagnostische Verfahren	26
Eine Auswahl gängiger LRS-Tests	27
Sind Tests alles?	29
Woran erkennt man die LRS?	**31**
Anzeichen vor der Einschulung	31
Anzeichen während der Grundschulzeit	33
Anzeichen nach der Grundschulzeit	36
Begleit- und Folgeerscheinungen	36
Aufmerksamkeitsstörungen	38
Kann einer LRS vorgebeugt werden?	**39**
Übungsanregungen	39

Wie lernen Kinder Lesen und Schreiben?	**45**
Wie kann bei LRS geholfen werden?	**47**
Professionelle Therapie	47
Unterstützung durch die Eltern	49
Übungsvorschläge für zu Hause	51
Entspannung	52
Wahrnehmung	53
Übungen zur auditiven Wahrnehmung und phonologischen Bewusstheit	53
Übungen zur visuellen Wahrnehmung	56
Übungen zur taktil-kinästhetischen Wahrnehmung	58
Buchstabe-Laut-Zuordnung/Laut-Buchstabe-Zuordnung	59
Lernstrategien und -techniken	60
Wie man Lust auf Lesen und Schreiben macht	61
Lernen am Computer	62
Literaturtipps	**63**
Hilfreiche Adressen	**64**

Vorwort zur Reihe

Die „Ratgeber für Angehörige, Betroffene und Fachleute" vermitteln kurz und prägnant grundlegende Kenntnisse (auf wissenschaftlicher Basis) und Hilfestellungen zu ausgewählten Themen aus den Bereichen Sprachtherapie, Ergotherapie und Medizin. Die Autor(inn)en der Reihe sind ausgewiesene Fachleute, die seit vielen Jahren in Therapie, in der Beratung und in der Aus- und Weiterbildung tätig sind.

Lesen und Schreiben sind in unserer Gesellschaft grundlegende Fähigkeiten. In der Schule, in der Ausbildung, im Beruf und im Alltag – Schriftsprache ist notwendig! Aber nicht allen ist der Weg zum Lesen und Schreiben offen. Manche leiden unter einer Lese-Rechtschreibstörung (LRS).

Im vorliegenden Band führt eine erfahrene Pädagogin und Logopädin in das komplexe Thema der Lese-Rechtschreibstörung ein. Symptome, Ursache(n), Förderungs- und Therapiemöglichkeiten werden in gut fassbarer Weise dargestellt und diverse Missverständnisse werden ausgeräumt.

Wir hoffen, dass dieser Ratgeber für Eltern und Fachleute aus pädagogischen Berufen eine Hilfe darstellt, sich einem komplexen und wichtigen Thema zu nähern. Ebenso hoffen wir, dass sich für den einen oder anderen über diesen Ratgeber der Weg zu einer kompetenten Beratung, Förderung oder Therapie ergibt.

Prof. Dr. Jürgen Tesak †
(Herausgeber)

Einleitung

Ihnen ist aufgefallen, dass Ihr Kind trotz intensiven Übens die einzelnen Buchstaben noch nicht sicher lesen und schreiben kann? Verwechselt es Buchstaben wie d/b, M/W, p/q, ei/ie? Schreibt es einzelne Grapheme oder ganze Wörter in Spiegelschrift?

> Mama Papa = Mama, Papa
> Doe = Dose
> ben Reize = der Riese

Beispiel: Florian, 2. Klasse

Lässt Ihr Kind auch in der 2. und 3. Klasse beim Schreiben von Wörtern Buchstaben aus oder vertauscht diese, sodass Wörter nicht mehr entzifferbar sind?

> Fehlen = Fehler
> egt egntlihc = eigentlich
> shf enfrent = entfernt
> tren = drehen

Beispiel: Bastian, 3. Klasse

Und ist das Lesen für Ihr Kind eine große Strapaze, liest es stockend und monoton, rät es viel und erfasst trotz aller Anstrengung den Sinn des Gelesenen nur unvollständig?

Dann könnte eine Lese-Rechtschreibstörung (LRS) vorliegen, die es Ihrem Kind unmöglich macht, im gleichen Lerntempo wie seine Klassenkameraden das Lesen und Schreiben zu erlernen. Ihr Kind benötigt also dringend Hilfe, die seine individuellen Stärken und Schwächen berücksichtigt und zu motivierenden Erfolgserlebnissen beim Erlernen der Schriftsprache führt.

Im vorliegenden Ratgeber sollen besonders Eltern, aber auch Pädagogen und andere Bezugspersonen des Kindes über Symptome, Ursprung, Folgen und Fördermöglichkeiten der LRS informiert werden. Denn wer gut informiert ist, kann Verständnis für die Schwierigkeiten und Nöte des Kindes entwickeln, ihm gezielter helfen und, wenn nötig, professionelle Unterstützung initiieren!

Schließlich ist der gesellschaftliche Stellenwert des Lesens und Schreibens hoch: Das Lesen ist – auch bzw. gerade im Zeitalter des Computers - unverzichtbar, um Inhalte von Schule und Beruf zu verstehen, sich fortbilden und sein Wissen erweitern zu können. Und fehlerfreies Schreiben wird leider immer noch mit Intelligenz und Bildung gleichgesetzt. Lange Zeit galt die Lese-Rechtschreibstörung als ein Zeichen von Dummheit oder fehlendem Fleiß. Heute weiß man, dass diese umschriebene Lernstörung u.a. auf neurobiologischen Ursachen beruht und sich bei gezieltem Training durchaus deutliche Verbesserungen der Lese- und Rechtschreibleistungen erwirken lassen.

Probleme im Lesen und Schreiben nehmen Einfluss auf Selbstvertrauen, Interessensbildung, Schulkarriere und spätere Berufswahl. Es soll deshalb aufgezeigt werden, wie den weitreichenden Folgen der LRS entgegengewirkt werden kann, indem u.a. die Lernfreude des Kindes zu neuem Leben erweckt und es doch noch zu guten Lese- und Rechtschreibleistungen geführt wird.

Abschließend sei bemerkt, dass durchgängig die Bezeichnung Lese-Rechtschreibstörung bzw. LRS in diesem Ratgeber benutzt wird. Im Gegensatz zum Begriff Legasthenie setzt sich die LRS in Wissenschaft und Praxis als moderne und unbelastete Bezeichnung durch.

Zur besseren Lesbarkeit wurde wechselweise die maskuline bzw. die feminine Form für Betroffene, Angehörige, Therapeuten und andere Berufsgruppen genutzt. Selbstverständlich sind jeweils Personen beider Geschlechter gemeint.

Lese-Rechtschreibstörung (LRS) – Was ist das?

Wer sich mit der LRS näher beschäftigt, trifft auf eine Vielzahl von Begrifflichkeiten für dieses Phänomen:

- Lese-Rechtschreibstörung bzw. Lese-Rechtschreibschwäche (LRS)
- Legasthenie
- Lese-Rechtschreibschwierigkeiten
- Dyslexie
- Teilleistungsschwäche

Ein kleiner Ausflug in die Geschichte der Lese-Rechtschreibstörung soll illustrieren, wie die Vielfalt der Bezeichnungen und Definitionen für Probleme beim Lesen und Schreiben entstanden ist.

Geschichte der LRS

Störungen im Erlernen des Lesens und Schreibens werden bereits seit ca. 120 Jahren erforscht. Mediziner, Psychologen, Pädagogen, Sprachwissenschaftler und andere Disziplinen versuchten und versuchen, das Muster der Lernstörung LRS zu entschlüsseln und widmen sich dabei besonders der Erforschung von Ursachen und Therapiemöglichkeiten.

Bereits 1877 beschrieb ein Neurologe das Phänomen der „Wortblindheit". Der Mediziner und Pädagoge Ranschburg prägte 1916 den Begriff „Legasthenie" (lat. legere = lesen, griech. astheniea = Schwäche). Er untersuchte als einer der ersten Wissenschaftler Kinder mit Leseschwierigkeiten und kam zu dem Ergebnis, dass bei diesen Kindern eine rückständige geistige Entwicklung vorlag. Die Konsequenzen des Untersuchungsergebnisses waren weitreichend: Kinder mit Legasthenie galten als geistig minderbegabt und somit ausschließlich per Hilfsschule (später Schule für Lernbehinderte) beschulbar.

Erst 1951 wurde die Legasthenie neu definiert: Die Schweizer Psychologin Linder untersuchte die Intelligenz von Kindern mit Legasthenie und stellte fest, dass diese in der Regel durchschnittlich bis überdurchschnittlich intelligent waren.

Ranschburgs Annahme des Intelligenzdefizits war somit widerlegt und die Legasthenie als „Teilleistungsschwäche", die aus dem Rahmen der übrigen Leistungen des Kindes herausfällt, erkannt. Linder unterschied die Legasthenie von der „Lese-Rechtschreibschwäche", deren Ursachen sie u.a. tatsächlich in einem Intelligenzdefizit oder ungünstigen Schulmethoden sah.

Ende der 70er-Jahre legten die Kultusministerien der Länder so genannte „Legasthenie-Erlasse" fest, die eine besondere Förderung und Benotung der Kinder innerhalb der Regelbeschulung gestatteten. Ebenfalls in den 70er-Jahren entstand die folgenreiche Diskussion, Legasthenie sei eine pure Erfindung, um das Schulversagen einiger Kinder zu erklären. Es entstand eine regelrechte Anti-Legasthenie-Bewegung ohne wissenschaftlich fundierte Grundlage, deren Auswirkung bis heute zu spüren ist.

Aufgrund der unscharfen Begriffsdefinition und der kontroversen Diskussion um das Störungsbild wurde 1978 der Begriff Legasthenie im amtlichen Sprachgebrauch abgeschafft und durch die Umschreibung „Besondere Schwierigkeiten im Erlernen des Lesens und des Rechtschreibens" ersetzt.

In den vergangenen Jahren gingen die Fachleute dazu über, Legasthenie und „Lese-Rechtschreibstörung (LRS)" synonym zu verwenden. Der Begriff LRS (Lese-Rechtschreibstörung bzw. -schwäche) wird in der Literatur mittlerweile favorisiert. Zunehmend setzt sich auch der Begriff „Dyslexie" (engl./lat. dyslexia), der in zahlreichen Ländern Verwendung findet, im deutschsprachigen Raum durch.

Noch heute herrscht unter Fachleuten Uneinigkeit darüber, welche der genannten Bezeichnungen in welchem Zusammenhang zu verwenden sind. Dies ist umso bedauerlicher, da der bewusste Gebrauch der Begriffe immer dann wichtig ist, wenn es um inhaltliche Klarstellung und Abgrenzung geht.

Da sich Eltern, die sich für die Belange ihres Kindes einsetzen, mit den aufgeführten verwirrenden Bezeichnungen konfrontiert sehen, sollen an dieser Stelle Erläuterungen folgen, die die gängigsten Begriffe und Definitionen betreffen. Diese werden jedoch leider auch in Nachschlagewerken oder Schulerlassen uneinheitlich verwendet.

Was ist was?

- **Lese-Rechtschreibstörung (LRS)**

Im Gegensatz zu früheren Definitionen wird der Begriff der Legasthenie von der Weltgesundheitsorganisation (WHO) nun durch die Bezeichnung Lese- und Rechtschreibstörung ersetzt. Es handelt sich bei der LRS um eine umschriebene Lernstörung, die speziell das Lesen und das Schreiben betrifft. Sie entsteht in der frühen Entwicklung oder wird als Anlage mitgebracht und kann über Jahre andauern. Die LRS findet sich bei Menschen mit normaler bis überdurchschnittlicher Intelligenz. Als Folge der LRS kann es zu Auffälligkeiten im psychischen Bereich kommen.

- **Lese-Rechtschreibschwäche (LRS)**

Der Begriff wird heute überwiegend gleichbedeutend zur Lese-Rechtschreibstörung benutzt und ebenfalls mit LRS abgekürzt. Teilweise findet sich in der Literatur noch die Abgrenzung von Legasthenie als „echter" Lese-Rechtschreibstörung und Lese-Rechtschreibschwäche als durch äußere Einflüsse erworbene Schwierigkeit des Lesens und Schreibens.

- **Dyslexie**

Die moderne Bezeichnung Dyslexie (engl./lat. dyslexia) wird zunehmend auch von deutschen Fachleuten für das Bild der LRS verwandt.

- **Legasthenie**

Diese Bezeichnung wird besonders im Bereich der Medizin und Psychologie und vom Bundesverband Legasthenie (BVL) verwendet. Der Begriff Legasthenie ist umgangssprachlich durchaus präsent, wird jedoch in der Amtssprache, in wissenschaftlichen Publikationen und von internationalen Organisationen wie der WHO zunehmend durch die Bezeichnung Lese-Rechtschreibstörung (LRS) bzw. Dyslexie ersetzt.

- **Lese-Rechtschreibschwierigkeiten**

Hierbei handelt es sich um das problematische Erlernen des Lesens und Schreibens aufgrund vorrangig äußerer Einflussgrößen. Dies kann z.B. die längere Krankheit des Kindes sein, welche zu Schulausfall führt. Ebenso können häufiger Lehrer- oder Schulwechsel, familiäre Konflikte u.Ä. das Lernen erschweren. Auch organische Faktoren, z.B. in Form einer Seh- oder Hörstörung, führen zu Problemen im Schriftspracherwerb, die jedoch häufig durch Hilfsmittel wie Brille oder Hörgerät behoben werden können. Die Lese-Rechtschreibschwierigkeiten können damit im Gegensatz zur Lese-Rechtschreibstörung vorübergehender Art sein. Leider führt das Kürzel LRS zur Verwirrung. Es ist bei Lese-Rechtschreibschwierigkeiten jedoch nicht zu verwenden.

- **Teilleistungsschwäche**

Die Lese-Rechtschreibstörung ist eine Teilleistungsschwäche, d.h. bestimmte Lern- und Leistungsbereiche (hier das Lesen und Schreiben) sind beeinträchtigt. Eine andere bekannte Teilleistungsschwäche ist die Rechenschwäche (Dyskalkulie).

- **Funktionaler Analphabetismus**

Dieser liegt vor, wenn die betroffene Person gar keine oder nur geringe Lese-Rechtschreibkenntnisse besitzt, sodass diese den Anforderungen in unserem gesellschaftlichen Alltag nicht genügen. Ursachen liegen u.a. in unzureichender Beschulung, Diskriminierungserfahrungen oder geringem Zutrauen in die eigenen Fähigkeiten. Unter deutlich ungünstigen Bedingungen kann aus einer LRS ein Analphabetismus entstehen.

Welche Annahmen über die LRS sind falsch?

Nach wie vor bestehen viele Vorurteile und falsche Annahmen bzgl. der LRS. Hier einige Klarstellungen:

- Es handelt sich bei der LRS um keine Erfindung, sie ist eine wissenschaftlich erwiesene Lernstörung!

- Die LRS ist kein primäres Anzeichen für eine psychische Erkrankung!

- Menschen mit LRS sind nicht dumm! Es ist sicher belegt, dass die Lese-Rechtschreibstörung nicht durch mangelnde Intelligenz verursacht wird. Die Betroffenen zeigen im Gegenteil häufig ausgeprägte künstlerische oder technische Fähigkeiten und soziales Einfühlungsvermögen.

- Die LRS ist keine vorübergehende Lernschwierigkeit, die durch vermehrtes Üben schulischer Inhalte behoben werden kann!

- Eine LRS entsteht niemals durch Faulheit des Kindes!

⇨ Zusammenfassung

Störungen innerhalb des Schriftspracherwerbs werden bereits seit über einem Jahrhundert erforscht. Innerhalb dieser Zeit wurde das Phänomen immer wieder mit wechselnden Begriffen bzw. Definitionen belegt. Der heute gebräuchliche Begriff ist „Lese-Rechtschreibstörung" oder „Lese-Rechtschreibschwäche", abgekürzt durch „LRS". Definiert wird die LRS als entwicklungs- bzw. anlagebedingte Lernschwäche, die zu lang andauernden Störungen im Erlernen des Lesens und Schreibens führt. Die LRS ist eine wissenschaftlich erwiesene Lernstörung!

| Woher kommt die LRS?

Man weiß heute recht viel, jedoch noch längst nicht alles über die verursachenden Faktoren der LRS. Was man jedoch weiß, ist, dass niemand Schuld hat an der Lernstörung. Und es führt auch niemals nur eine Ursache zur LRS! Die Ursachen sind vielfältig und bedingen sich teilweise, sodass man von „Multikausalität" spricht.

Viele Eltern machen sich Vorwürfe: Sie hätten zu wenig mit dem Kind geübt, das Kind sehe zu viel fern, sie hätten nicht genügend Zeit, die Hausaufgaben zu kontrollieren. Ein Mangel an Zeit oder ein hoher Fernsehkonsum allein macht noch keine Lese-Rechtschreibstörung! Auch schulische Methoden oder psychosoziale Schwierigkeiten sollten nicht als alleinige Ursache der LRS dargestellt werden.

Forschungserkenntnisse zu Gehirnaufbau und -funktion

Anhand verschiedener Untersuchungsverfahren wie der Kernspintomographie oder der Magnetenzephalographie (MEG) lassen sich heute Vorgänge bei geistigen Tätigkeiten wie dem Lesen schlüssig darstellen. U.a. sind es diese Untersuchungsmethoden, die die Grundlage wissenschaftlicher Erkenntnisse zum Thema LRS bilden. Seit den 90er-Jahren liegt eine Vielzahl aussagekräftiger wissenschaftlicher Studien zur LRS vor. Auch aktuell wird intensiv nach deren Ursachen geforscht. So erkannte man, dass der Lernstörung LRS eine Besonderheit der Struktur und Funktion des Gehirns zugrunde liegt.
Die Studienergebnisse weisen bei der LRS auf eine komplexe Störung hin, die sich in Form einer defizitären auditiven und visuellen Wahrnehmungsfähigkeit zeigt. So liegt u.a. eine Störung bei der auditiven Differenzierung von Lauten vor. Visuell wird Schrift weniger schnell erfasst und verarbeitet.
Es konnte belegt werden, dass bestimmte Bereiche des Gehirns (u.a. temporoparietale Region) bei LRS weniger aktiviert sind als bei normal Lesenden.

Mit zunehmenden Erkenntnissen der Hirnforschung wird gleichzeitig deutlich, dass bisher nur Teilkenntnisse dieses hoch komplizierten Organs bestehen.

Es gibt noch viele Hypothesen zu den Ursachen der LRS, die nicht wissenschaftlich belegt sind. In den kommenden Jahren sind auf der Grundlage laufender Untersuchungen weitere aufschlussreiche Ergebnisse zu erwarten.
Aufgrund der zunehmenden Anerkennung der LRS als ernst zu nehmender Lernstörung werden heute erfreulicherweise deutlich mehr finanzielle Mittel für die Forschung bewilligt als noch in den 80er- und 90er-Jahren. Dies wird die Erforschung der LRS weiter voranbringen.

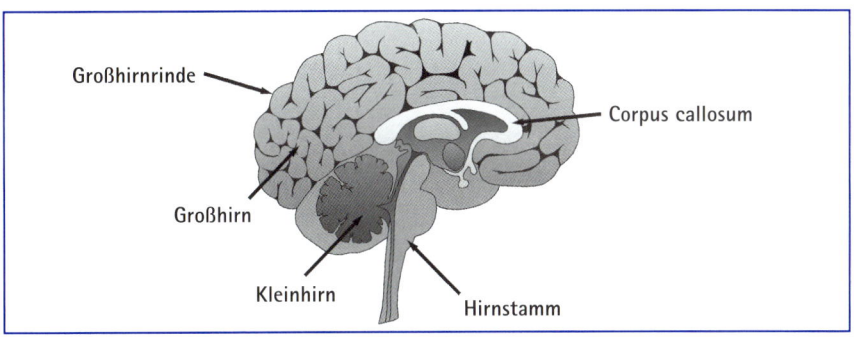

Kann die LRS vererbt werden?

Es gibt mittlerweile differenzierte Erkenntnisse zur erblichen Weitergabe der LRS. Belegt ist, dass die LRS in einigen Familien gehäuft auftritt. Man geht von einer Erblichkeit von 50% aus, was relativ hoch ist.
Marburger Wissenschaftler stellten in Kooperation mit schwedischen Forschern fest, dass das Chromosom 6 als Erbträger für die LRS fungiert. Andere Wissenschaftler (u.a. USA, England) konnten die Chromosomen 6, 15 und 18 als Ort der Gene bzgl. LRS eruieren, auch die Chromosomen 1, 2 und 3 werden genannt.
Anhand der wissenschaftlichen Erkenntnisse ist eine Vererbbarkeit der LRS unstrittig. Diese Tatsache sollte zu einer vermehrten Aufmerksamkeit bei der Entwicklung von Kindern, deren Eltern oder Geschwister von der Teilleistungsstörung betroffen sind, führen.
Eine mögliche Vererbung sollte jedoch keine Angst machen: Wird die Entwicklung des Kindes von Beginn an aufmerksam beobachtet, besteht die Möglichkeit, ihm bei Auffälligkeiten rasch zu helfen und so einer späteren LRS vorzubeugen (s. auch Kapitel „Kann einer LRS vorgebeugt werden?").

> **Zusammenfassung**
>
> Jungen sind häufiger als Mädchen von der LRS betroffen. Bei der Entstehung der LRS spielen nach heutigen Forschungsergebnissen die genetische Veranlagung und die Andersartigkeit von Gehirnaufbau und -funktion eine Rolle. Da die LRS multikausal ist, sollte jedoch keineswegs davon ausgegangen werden, dass jedes lese-rechtschreibschwache Kind Fehlbildungen des Gehirns aufweist.

Gibt es einen Zusammenhang von Bewegungsfähigkeit (Motorik) und LRS?

Ja: Die Motorik stellt einen wichtigen Baustein in der kindlichen Entwicklung dar. In seiner Entwicklung trainiert das Kind zunächst die gesamte Muskulatur z.B. durch Strampeln, Krabbeln, Aufrichten und Laufen und entfaltet so seine Grobmotorik. Auf dieser Basis kann dann für feinere Bewegungsabläufe die Fähigkeit entstehen, den Einsatz unterschiedlichster Muskelgruppen aufeinander abzustimmen und Bewegungen wie das gezielte Greifen oder Ertasten zu planen und zu steuern (Feinmotorik). Das Kind kann somit die Umwelt gezielt wahrnehmen und erfahren.

Für das Lesen und das Schreiben sind genau koordinierte und dosierte Bewegungsabläufe und eine exakte Wahrnehmung nötig. So müssen beim Schreiben besonders die minimalen Bewegungen der Augen mit denen der Hand koordiniert werden (Auge-Hand-Koordination). Kommt es nun in der kindlichen Entwicklung zu Störungen der Bewegungsfähigkeit, können in deren Folge u.a. die Wahrnehmung, das Sprechen/die Sprache und eben auch das Lesen und Schreiben betroffen sein.

Führen Schwierigkeiten innerhalb der Sprachentwicklung zur LRS?

Ja. Der Schriftspracherwerb beginnt nicht erst mit dem Anfangsunterricht in der Schule, sondern ist ein lang andauernder Prozess: Grundsteine werden bereits viel früher durch Entwicklungsschritte auf den Gebieten der Motorik, des Sprechens und der Sprache gelegt.

Bezugspersonen merken meist recht früh, wenn ihr Kind z.B. ungenau oder verwaschen artikuliert, in unvollständigen Sätzen spricht oder nur schwer zusammenhängend formulieren kann. Kennzeichen für eine verzögerte oder gestörte

Sprachentwicklung können u.a. das Verstammeln von Lauten (Dyslalie), fehlerhafte Satzbildung oder falsche Anwendung von Grammatik (Dysgrammatismus), ein geringer Wortschatz oder Probleme im Verstehen von Sprache sein.

Fachleute sehen Schwächen im Schriftspracherwerb als ein Zeichen der gestörten Sprachentwicklung. Auch die Weltgesundheitsorganisation stellt den Zusammenhang von Störungen der Sprachentwicklung und LRS deutlich heraus, indem sie beschreibt, dass Sprach- und Sprechstörungen der LRS vorausgehen. Damit wird deutlich, wie wichtig die Früherkennung und Behandlung von Sprachentwicklungsstörungen ist.

> ⇨ **Zusammenfassung**
>
> Als Folge einer eingeschränkten motorischen Entwicklung und einer gestörten Sprachentwicklung kann es zur LRS kommen. Motorik und Sprache sollten bei Defiziten bereits vor Schuleintritt gefördert werden, um gute Voraussetzungen für das Erlernen des Lesens und Schreibens zu schaffen.

Was hat die Wahrnehmung mit der LRS zu tun?

Wir benutzen täglich unsere Sinne: Hören, Sehen, Tasten, Schmecken, Riechen. Mit ihnen nehmen wir unsere Umwelt wahr, ordnen und deuten Informationen und reagieren entsprechend. Beispielsweise hören wir das Weinen eines Kindes, wir sehen, dass es sich weh getan hat, wir betasten die Beule an seiner Stirn und trösten es.

Es ist von einem engen Zusammenspiel der Wahrnehmungsbereiche auszugehen. Man spricht dabei von „sensorischer Integration", die die komplexe Verknüpfung und Verwertung der einzelnen Informationen bis hin zur sinnvollen Handlung meint.

Im Bereich des Schriftspracherwerbs muss die Wahrnehmung äußerst differenziert arbeiten. Das Erlernen des Lesens und Schreibens ist eine komplexe kognitive Fähigkeit, die sich dann optimal entfalten kann, wenn das Zusammenwirken der zugrunde liegenden Wahrnehmungsbereiche ohne Störungen vonstattengeht. Als ursächlich für Wahrnehmungsstörungen gelten u.a. Beeinträchtigungen von kortikalen (in der Großhirnrinde stattfindenden) Prozessen.

Beim Schriftspracherwerb spielen insbesondere auditive, visuelle und taktil-kinästhetische Wahrnehmungsleistungen eine wichtige Rolle. Die Begriffe sollen hier erklärt werden:

Auditive Wahrnehmung

Die auditive Wahrnehmungsstörung liegt vor, wenn zentrale Prozesse des Hörens („inneres Hören") gestört sind. Es ist nicht die Hörstörung z.B. in Form einer Schwerhörigkeit gemeint. Die auditive Wahrnehmung beinhaltet die Aufnahme von akustischen Reizen und deren Verarbeitung im zentralen Nervensystem.

Ein Beispiel: Das Kind hört das Hupen eines herannahenden Autos unter den anderen Geräuschen auf der Straße heraus, deutet es als Signal drohender Gefahr, erkennt die Richtung des Geräusches und reagiert entsprechend.

Der auditiven Wahrnehmung kommt innerhalb des Lesen- und Schreibenlernens nach aktuellen wissenschaftlichen Erkenntnissen eine besondere Bedeutung zu. Folgende Auswahl von Aufgaben der auditiven Wahrnehmung verdeutlicht dies:

- Wichtiges heraushören, z.B. die Stimme des Lehrers im lauten Klassenraum
- Verschmelzen von Lauten zu einem Wort, z.B. aus ´r-o-t´ wird rot
- Unterscheidung ähnlich klingender Laute, z.B. ´d/b, p/b, t/d´
- Heraushören von Einzellauten in Wörtern, z.B. ´t´ in Tomate
- Unterteilung von Wörtern in Silben, z.B. ro-sa, Ba-na-ne
- Stellung eines Lautes im Wort erkennen, z.B. ´s´ ist am Ende von Maus

Phonologische Bewusstheit

Besonders hervorgehoben wird im Zusammenhang von auditiver Wahrnehmung und LRS die so genannte „phonologische Bewusstheit". Diese meint die Fähigkeit, lautliche Strukturen der Sprache zu erkennen und mit diesen Strukturen operieren zu können. Man spricht von der phonologischen Bewusstheit im weiteren und im engeren Sinne. Zur phonologischen Bewusstheit im weiteren Sinne gehört das Bilden von Reimen (Haus-Maus-Laus) oder das Klatschen von Silben (Lo-ko-mo-ti-ve). Die phonologische Bewusstheit im engeren Sinne meint die Fähigkeit, Lautstrukturen unabhängig von Bedeutung oder Rhythmus der Sprache erkennen zu können. Hier ist u.a. die Lautanalyse und -synthese gemeint.

- Beispiel 1: Mit welchem Laut beginnt Ofen, mit ´a´ oder ´o´?
- Beispiel 2: „n-a-s-e" Welches Wort ist das?

Die Bedeutsamkeit der phonologischen Bewusstheit wurde anhand umfangreicher Studien belegt. So konnte nachgewiesen werden, dass Vorschulkinder mit guten phonologischen Fähigkeiten später rascher und sicherer das Lesen und Schreiben erlernten.

Viele Kinder mit LRS zeigen Schwierigkeiten, innerhalb eines Wortes einzelne Laute sicher zu identifizieren. Man spricht hierbei von der „auditiven Ordnungsschwelle", welche diejenige Zeitspanne meint, die zwischen zwei Sinnesreizen mindestens verstreichen muss, damit wir sie getrennt wahrnehmen können. WissenschaftlerInnen haben festgestellt, dass diese Zeitspanne bei Kindern mit LRS häufig größer ist als bei anderen Kindern. So hört das Kind beim Diktat beispielsweise nur 'Tschbei' anstatt 'Tischbein'. Das isolierte Training der Ordnungsschwelle ist jedoch weniger erfolgreich als ein Training der gesamten zentralen Hörverarbeitung.

Visuelle Wahrnehmung
Sie kann verstanden werden als die Fähigkeit, optische Reize aufzunehmen und zu verarbeiten („inneres Sehen"). Sie hat nichts mit der Einschränkung der Sehfähigkeit z.B. in Form von Kurzsichtigkeit zu tun.

Ein Beispiel: Wenn das Kind aus einer Menge von verschiedenartigen Legosteinen einen bestimmten Stein erfolgreich heraussucht, ist die visuelle Wahrnehmung gefordert. Das Kind muss die gewünschte Form und Farbe aus dem Gedächtnis abrufen und als Figur vor sich sehen, außerdem darf es sich bei der Suche nicht von den vielen anderen Formen und Farben ablenken lassen.
Die visuelle Wahrnehmung ist innerhalb des Schriftspracherwerbs besonders dann wichtig, wenn es um das Identifizieren von Schriftzeichen und um deren schnelles Erfassen beim Lesen geht. Wissenschaftler sind sich jedoch über die Rolle der visuellen Wahrnehmung nicht vollständig im Klaren. Während noch vor wenigen Jahren die unzureichende visuelle Verarbeitung als eine der Hauptursachen der LRS galt, wird ihre Bedeutung heute zumindest als weniger bedeutsam im Vergleich zur auditiven Wahrnehmung diskutiert.

Fest steht jedoch, dass Schwierigkeiten im visuellen Bereich bei Kindern mit LRS häufig beobachtbar sind. So zeigt z.B. das visuelle Gedächtnis für Formen Lücken, wenn Buchstaben auch nach häufigem Üben nicht erinnert und reproduziert werden können. Kommt es zur Vertauschung optisch ähnlicher Buchstaben, z.B. b/d, M/W, p/q, kann auch die so genannte „Raum-Lage-Unsicherheit" eine mögliche

Ursache sein. Das Kind erinnert sich dann meist noch an die Form, jedoch nicht mehr an die Ausrichtung der Buchstaben.

Einige Beispiele zu den speziellen Aufgaben der visuellen Wahrnehmung im Schriftspracherwerb:

- Koordination von Auge und Hand beim Schreiben
- Wiedererkennen von Buchstaben unabhängig von Größe und Lage
- Speichern und Wiedergeben von Buchstabenreihenfolgen
- ausdauernde Aufmerksamkeit beim Lesen und Schreiben
- Unterscheiden einzelner Buchstaben auf komplexem Untergrund, z.B. im Text.

Taktil-kinästhetische Wahrnehmung
Unter der taktilen Wahrnehmung versteht man die Tast- und Berührungswahrnehmung. Die kinästhetische Wahrnehmung wird mit Lage- und Bewegungswahrnehmung übersetzt. Beide Systeme arbeiten eng miteinander zusammen. Bezogen auf die LRS werden diese sensorischen Bereiche besonders bei der Artikulation oder auch bei der differenzierten Stifthaltung und -führung benötigt.

Bei unzureichender taktil-kinästhetischer Wahrnehmung fallen die Kinder häufig schon vor dem Schriftspracherwerb durch Artikulationsstörungen auf (z.B. ´dehen´ statt gehen, Lispeln, verwaschene Aussprache). Nun kann man immer wieder beobachten, dass sich Kinder, die das Lesen und Schreiben neu erlernen, leise einzelne Wörter vorsprechen. Artikuliert das Kind dabei falsch, wird es den Fehler beim Schreiben übertragen.

Das Kind erhält bei taktil-kinästhetischen Wahrnehmungsproblemen z.B. im Bereich der Hand eine unzureichende Rückmeldung über die Bewegung seiner Finger, sodass die Feinmotorik beim Schreiben beeinträchtigt sein kann. Dies macht sich u.a. durch eine krakelige, stark unregelmäßige Schrift bemerkbar. Ferner werden Buchstabengestalten unvollständig gespeichert, da Lage und Form nicht voll erfasst werden können.

> **Zusammenfassung**
>
> Besonders die auditive, die visuelle und die taktil-kinästhetische Wahrnehmung spielen beim Lesen und Schreiben eine wichtige Rolle. Das störungsfreie Funktionieren der Wahrnehmungssysteme und deren Vernetzung untereinander stellt eine grundlegende Voraussetzung für erfolgreiches Lernen dar. Defizite im Bereich der Wahrnehmung können zur LRS führen.

Sind Störungen in den bisher genannten Bereichen, die im Kind selbst liegen (innere Faktoren), vorhanden, kann es zu einer LRS kommen. Dies muss aber nicht sein! Es gibt durchaus Kinder, die z.B. trotz einer Entwicklungsstörung der Wahrnehmung oder Sprache ganz normal Lesen und Schreiben lernen.
Ergänzend sind weitere Einflüsse zu nennen, die die LRS zwar nicht verursachen, im Zusammenspiel mit den bisher genannten Faktoren deren Ausprägungsgrad und Verlauf jedoch deutlich beeinflussen können.

Organische Faktoren und äußere Einflüsse

Organische Faktoren (innere Faktoren)
Beispiel: Beim so genannten „verdeckten Schielen" handelt es sich um einen Fehler in Steuerung und Zusammenspiel der Augen. Dies bedeutet, dass eine von außen nicht sichtbare Neigung zu leichtem Schielen vorhanden ist, die vom Kind jedoch für kurze Zeit selbst ausgeglichen werden kann. Das Lesen wird dadurch sehr anstrengend und erfordert eine hohe Konzentration, welche zu schnellem Ermüden führen kann. Der Nutzen einer zur Korrektur eingesetzten „Prismenbrille" ist bislang nicht eindeutig belegt.

Weitere organisch bedingte Einschränkungen, die das Ausmaß der LRS beeinflussen können, sind z.B.:

- Sehstörungen in Form einer Kurz- oder Weitsichtigkeit
- Hörstörungen (entstehen u.a. durch häufige Mittelohrentzündungen)
- neurologische Erkrankungen wie Epilepsie
- körperliche Behinderungen wie Spastik oder Lähmung

Umweltfaktoren (äußere Faktoren)
Diese Faktoren liegen nicht im Kind selbst, sondern werden durch bestimmte Umstände und Reaktionen von außen geschaffen:

- fehlende schriftsprachliche Anregung, z.B. Lese- und Schreibangebote
- länger andauernder Schulausfall durch Krankheit
- seelische Belastungen, z.B. Konflikte in der Familie
- negative Reaktionen der Umwelt auf Lernschwierigkeiten, z.B. Bestrafungen
- schulische Methoden, z.B. Nicht-Berücksichtigen der individuellen Lernvoraussetzungen des Kindes
- schulische Situation, z.B. Position des Sitzplatzes, Rolle im Klassenverband, Lehrerwechsel, Einstellung der Schule zur LRS
- gesellschaftlicher Leistungsdruck durch hohen Stellenwert des Lesens und Schreibens.

Ursachenmodell

Folgendes Modell zum Bedingungsgefüge der LRS soll das mögliche Zusammenwirken der einzelnen Faktoren verdeutlichen:

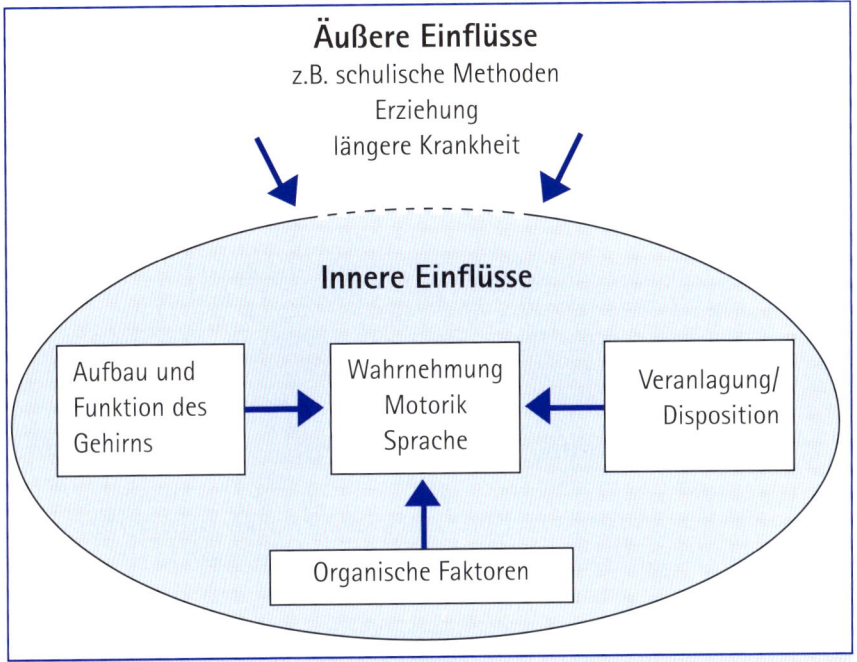

Ursachenmodell LRS

> ⇨ **Zusammenfassung**
>
> Die LRS ist multikausal: Bei ihrer Entstehung und Ausprägung können im Zusammenspiel sowohl innere als auch äußere Faktoren eine Rolle spielen. Im Innern des Kindes beeinflussen u.a. Gehirnstruktur und -funktion, Erbfaktoren, Wahrnehmungsfähigkeit und organische Gegebenheiten die Lese-Rechtschreibleistungen, außerhalb des Kindes nehmen z.B. Schule und Erziehung Einfluss.
> Wichtig: Alle aufgeführten Faktoren können, müssen jedoch nicht zur LRS führen!

Wie und von wem wird die LRS festgestellt?

Geht es um die Abklärung, ob eine LRS vorliegt oder nicht, ist zunächst der Ausschluss von Seh- und Hörstörungen und neurologischen Erkrankungen wichtig. Hier sind Augenarzt, Hals-Nasen-Ohren-Arzt und Neurologe zuständig. Auch wenn dem Kind eine gute Sehfähigkeit bescheinigt wird, kann der Besuch bei einer Orthoptistin (arbeitet bei Augenärzten oder in Augenkliniken) sinnvoll sein, um z.B. das verdeckte Schielen auszuschließen. Gleiches gilt für die Hörstörung: Ein einwandfreier Hörtest bedeutet nicht, dass keine auditive Verarbeitungsschwäche vorliegen kann. Diese wird u.a. vom Phoniater, z.B. in pädaudiologischen Instituten, überprüft.

Wichtig: Selbst bei gewissenhafter schulärztlicher Untersuchung können spezielle Seh- oder Hörprobleme unentdeckt bleiben!

Tests und andere diagnostische Verfahren

Liegen keine der oben genannten Störungen vor, können gezielte Verfahren zur Überprüfung der Lese- und Rechtschreibfähigkeit angewendet werden. So wie es jedoch nicht die typische Form der LRS gibt, die sich immer auf gleiche Weise zeigt, gibt es ebenso wenig den einen LRS-Test!

Geht es um die Bewilligung öffentlicher Gelder für eine professionelle LRS-Therapie (s. auch Kapitel „Hilfreiche Adressen"), verlangt der Gesetzgeber zum Nachweis der LRS einen Lese- und Rechtschreibtest und zusätzlich einen Intelligenztest. Es müssen standardisierte, d.h. auf ihre Aussagekraft hin überprüfte Tests angewendet werden. Bei der Auswertung werden die Ergebnisse der durchgeführten Tests in Beziehung zueinander gesetzt. Maßstab für die LRS ist das Ausmaß der Abweichung von der Lese- bzw. Rechtschreibfähigkeit im Verhältnis zu dem Alter und der allgemeinen Intelligenz des Kindes.

In dem Katalog für die internationale Klassifikation von Krankheiten, kurz ICD10, wird die LRS unter dem diagnostischen Kürzel F81 aufgeführt.

Die Tests werden von Psychologen und Kinder- und Jugendpsychiatern durchgeführt. Nicht alle Psychologen und Psychiater haben jedoch Erfahrung mit der LRS, sodass eine vorherige Abklärung der Kompetenz sinnvoll ist. Dies gilt ebenso für die Schule: Dort dürfen die Tests nur von speziell ausgebildeten LehrerInnen durchgeführt werden. Eltern sollten ruhig den Mut haben, nach der Qualifikation des Untersuchers zu fragen!

Leider werden Bezugspersonen häufig nur unzureichend darüber aufgeklärt, was mit welchem Ziel bei dem Kind getestet wird. Um eine Orientierung zu ermöglichen, soll hier ein Überblick über Inhalte und Ziele häufig verwendeter und standardisierter Testverfahren gegeben werden. Testungen bedürfen übrigens immer der vorherigen Zustimmung der Eltern!

Eine Auswahl gängiger LRS-Tests

- **Bielefelder Screening (BISC):**
Testet das LRS-Risiko bei Vorschulkindern, untersucht schwerpunktmäßig die phonologische Bewusstheit; u.a. Reimen, Laute aus Wörtern heraushören, Farben schnell benennen

- **Zürcher Lesetest (ZLT):**
Untersucht die Leseflüssigkeit und -genauigkeit bis zur 6. Klasse; u.a. Lesen von Einzellauten, Wörtern und Textabschnitten

- **Salzburger Lese-Rechtschreibtest (SLRT):**
Überprüft innerhalb der Grundschulzeit die Lesefähigkeit (direkte und buchstabenweise Worterkennung) und die Schreibkompetenz (lautorientiertes und regelgeleitetes Schreiben); z.B. Lesen häufiger und gänzlich unbekannter Wörter und Erstellen einer Fehleranalyse

- **Diagnostischer Rechtschreibtest DRT 1-5:**
Überprüft bis zum 5. Schuljahr Grundwortschatz, Regelkenntnisse und Fehlerschwerpunkte; u.a. Schreiben lautgetreuer Wörter, Lückentext-Diktate

- **Hamburger Schreibprobe HSP 1-9:**
Rechtschreibtest bes. für Schulklassen geeignet; prüft grundlegende Rechtschreibkompetenzen, erfasst in HSP 5-9 auch fortgeschrittene Rechtschreibsicherheit

- **Kaufman Assessment Battery for Children (K-ABC):**
Intelligenztest, der zwischen intellektuellen Fähigkeiten (Informationen verarbeiten, Lösungswege finden) und erlernten Fertigkeiten unterscheidet; z.B. ganzheitliches Denken, sprachfreier Teil, Fertigkeit

- **Hamburg-Wechsler-Intelligenztest für Kinder III (HAWIK III):**
Untersucht die praktische, verbale und allgemeine Intelligenz von Kindern und Jugendlichen; u.a. Wortschatztest, Rechnerisches Denken, Figuren legen

- **Psycholinguistischer Entwicklungstest (PET):**
Sprach- und Entwicklungstest, der die Kommunikationsfunktionen bei Kindern erfasst; neben u.a. Grammatik- und Gedächtnistest sind spezielle Untertests zur LRS-Diagnostik enthalten, z.B. Laute verbinden, Wörter ergänzen

- **Frostig Entwicklungstest der visuellen Wahrnehmung (FEW):**
Wahrnehmungstest, der die Grundfunktionen der visuellen Wahrnehmung bei Kindern erfasst, u.a. Auge-Hand-Koordination, Figur-Grund-Unterscheidung

Überprüfung der schriftlichen Wortbenennung (Martha, 3. Klasse)

Therapeutin und Kind beim Durchführen des Bielefelder Screenings (BISC)

Wichtig: Manche Eltern meinen es gut und üben mit ihrem Kind spezielle Aufgaben, bevor es getestet wird. Da jedoch ein realistisches Bild der Fähigkeiten des Kindes benötigt wird, um ihm gezielt helfen zu können, sollte das Üben vor dem Test vermieden werden.

Deutet man das Ergebnis eines Tests, sind immer auch die Umstände zu berücksichtigen, unter denen das Testergebnis entstand: War das getestete Kind nach einem langen Schultag müde und hatte vielleicht vor der Testung eine Klassenarbeit geschrieben? Oder hat das Kind bei Leistungsanforderungen aufgrund seiner bisherigen Misserfolge bereits aufgegeben, sodass es die Aufgaben nur halbherzig bearbeitete? Um das Ergebnis des Tests einordnen zu können, ist der Untersucher auf die Beobachtungen der Eltern und Pädagogen angewiesen!

Sind Tests alles?

Nein. Die Erhebung der Vorgeschichte (Anamnese) und die Beobachtung des Kindes sind neben den Testverfahren die wichtigsten Instrumente der LRS-Diagnostik. Sie sollten auf keinen Fall vernachlässigt werden, da nur so ein möglichst umfassendes und treffsicheres Bild der Störung zu erhalten ist.

Es ergeben sich folgende 3 Bereiche, die unbedingt zur Diagnostik dazugehören sollten:

- Anamnesegespräch mit den Eltern (Erfragen der motorischen und sprachlichen Entwicklung, Vorlieben des Kindes, bisherige Therapien etc.)
- Testung (Lesen, Schreiben, Intelligenz)
- Beobachtung des Kindes (z.B. Verhalten bei Leistungsanforderung, Aufmerksamkeit, Stärken und Interessen, Qualität von spontanem Lesen und Schreiben, seelische Verfassung, Situation in der Schule und zu Hause).

Erwähnenswert ist des Weiteren die Fehleranalyse als ein wichtiges Instrument, um Anzahl (quantitativ) und Art (qualitativ) der gemachten Fehler beim Schreiben erfassen zu können. Aufgrund der Ergebnisse der Fehleranalyse kann festgestellt werden, welche Strategie das Kind beim Schreiben verfolgt (s. Kapitel „Wie lernen Kinder Lesen und Schreiben?") und in welchem Bereich die Förderung ansetzen sollte.

Eine weiterführende Diagnostik anderer Fachdisziplinen sollte bei Bedarf eingeleitet werden. Wurden Auffälligkeiten bei Sprache, Motorik, Wahrnehmung oder auch Verhalten erkannt, ist möglicherweise eine therapeutische Förderung (z.B. Logopädie, Ergotherapie, Psychomotorik) sinnvoll.

⇨ Zusammenfassung

Was eine sinnvolle Diagnostik beinhalten sollte:

- Ausschluss einer Seh- und Hörstörung und einer neurologischen Erkrankung
- Anamnese: Erfragung der Vorgeschichte des Kindes
- Testung: Überprüfung der Lese- und Rechtschreibleistungen und der Intelligenz
- Fehleranalyse
- Beobachtung: u.a. Verhalten bei Leistungsanforderung, Situation in der Schule
- Einbeziehung und Berücksichtigung anderer Fachdisziplinen, z.B. Untersuchung der Sprache, Motorik oder Wahrnehmung

Woran erkennt man die LRS?

Gerade die Eltern bemerken meist recht früh, dass etwas „nicht stimmt" und ihr Kind langsamer und unter größeren Schwierigkeiten Lesen und Schreiben lernt. Trotz ihrer Beobachtungen sind sie häufig unsicher und lassen sich, um Rat fragend, leider zu schnell mit Aussagen wie „Das wird schon noch" oder „Das Kind muss nur mehr üben" beruhigen. Eltern sollten jedoch unbedingt auf ihre Beobachtungen vertrauen und die Anzeichen einer LRS ernst nehmen – Eltern sind die Experten ihres Kindes, denn sie nehmen täglich seine Befindlichkeit wahr und können es beim Verrichten der Hausaufgaben, beim Lesen usw. genau beobachten. Der erforderliche, oftmals recht aufreibende Einsatz, um eine diagnostische Abklärung „durchzuboxen", lohnt sich! Hat das Kind erst einmal eine Zeit der Misserfolge erlebt, werden sich die Auswirkungen der verlorenen Lernfreude auf die gesamte Schullaufbahn auswirken.

Welches sind nun die Anzeichen einer Störung der Lese- und Rechtschreibfähigkeit? Leider gibt es nicht das eine Symptom, das ganz sicher auf die LRS schließen lässt. Die LRS ist immer individuell und zeigt sich auf verschiedenste Art und Weise – und das macht es schließlich so schwierig, sie zu erkennen. Eine Summe unterschiedlicher Anzeichen kann jedoch deutlich auf die Entstehung bzw. das Vorhandensein einer LRS hinweisen.

Anzeichen vor der Einschulung

Bereits im Vorschulalter des Kindes können Eltern, Großeltern, ErzieherInnen und andere Bezugspersonen anhand bestimmter Anzeichen erkennen, ob eventuell ungünstige Voraussetzungen für den späteren Schriftspracherwerb vorliegen. Es ist besonders wünschenswert, Kinder mit LRS-Risiko schon vor Schuleintritt zu erkennen, um eine frühzeitige Förderung einleiten zu können. Folgende Bereiche sollten genauer beobachtet werden:

Motorik
- Ist das Kind motorisch ungeschickt, fällt es häufig hin, wirft Gegenstände um oder malt und bastelt ungern? War es bereits in therapeutischer Behandlung (z.B. Ergotherapie oder Krankengymnastik)?

- Ist es als Kleinkind nicht gekrabbelt, sondern z.B. gerobbt, um sich fortzubewegen? Hat es spät mit dem Laufen begonnen?

Lateralität (Seitigkeit)
- Ist bis kurz vor der Einschulung noch keine Bevorzugung einer Hand festzustellen, z.B. malt das Kind mit rechts und links?

Sprechen/Sprache
- Verlief/verläuft die Sprachentwicklung des Kindes langsamer und unsicherer als bei Gleichaltrigen? War/ist das Kind bereits in sprachtherapeutischer Behandlung?
- Kommen Artikulationsstörungen wie 'grei' statt drei, 'wassen' für waschen oder ein insgesamt vernuscheltes Sprechen vor?
- Verwendet das Kind falsche Bezeichnungen, z.B. 'Laterne' für Lampe, sucht es nach Begriffen, macht Pausen und weicht auf Umschreibungen aus?
- Erzählt das Kind durch unzureichenden Satzbau und unsichere Grammatik schwer verständlich und ohne Konzept?
- Hat es Probleme beim Verstehen von Sprache?

Auditive Wahrnehmung
- Gelingt es dem Kind nicht, sich unter Stimmengewirr (z.B. im Kindergarten) auf einen Sprecher zu konzentrieren?
- Kann sich das Kind Aufträge nicht merken oder an Handlungsabfolgen nur schwer erinnern, z.B. Anziehen (erst das Unterhemd, dann der Pullover)?
- Fällt es dem Kind schwer, sich Abzählverse oder Liedertexte einzuprägen, kann das Kind keine Reime wie z.B. „In dem Haus wohnt die Maus" bilden?

Symbole
- Erlernt das Kind die Farben nur mit großer Mühe?
- Zeigt es kein Interesse an geschriebener Sprache („Mama, was steht da?"), z.B. in Form von Büchern, Produktaufschriften, Hinweisschildern?

Raumlage
- Verwechselt das Kind z.B. oben/unten, vor/hinter/neben?

Rhythmus/Melodie
- Zeigt das Kind mangelndes Rhythmus- und Melodiegefühl, z.B. beim Mitklatschen bzw. Singen eines Liedes?

Wenn hier häufiger mit Ja geantwortet wurde, kann eine Abklärung z.B. in Form eines Früherkennungstests sinnvoll sein. Auch wenn keine Frühförderung nötig ist, sollten Eltern ab Einschulung des Kindes wachsam sein und bei sich abzeichnenden Lese- und Rechtschreibproblemen den Rat von Fachleuten einholen.

Anzeichen während der Grundschulzeit

Wirklich erkennen kann man die LRS erst dann, wenn das Kind lesen und schreiben lernt. Gerade im ersten Schuljahr ist es jedoch besonders schwierig, die speziellen Probleme der LRS-Kinder zu entdecken. Alle Kinder zeigen in den ersten Monaten Unsicherheiten im Umgang mit den vielen neuen Buchstaben, die so schwer zu „malen" sind und auch noch als Symbol für verschiedenste Laute stehen. Während sich bei den meisten Kindern jedoch die Schwierigkeiten allmählich auflösen und der Umgang mit den Schriftzeichen sicherer wird, gerät das Kind mit LRS immer mehr ins Hintertreffen und droht den Anschluss zu verlieren. Nur zu häufig versucht es, seine Schwierigkeiten selbst auszugleichen und versteht es oft meisterhaft, Mechanismen zu entwickeln, die seinen beginnenden Rückstand im Lesen und Schreiben verbergen (z.B. Raten von Buchstaben und Wörtern oder Auswendiglernen von Fibeltexten). Umso wichtiger ist das genaue Beobachten durch die Eltern und Pädagogen, um rechtzeitig Defizite erkennen und gezielte Hilfe einleiten zu können.

Arbeitshaltung
- Dauert das Erledigen von Hausaufgaben überdurchschnittlich lange, indem das Kind Unlust zeigt, unkonzentriert ist, ablenkt, Chaos verbreitet und die Nerven der betreuenden Personen strapaziert?
- Spielt das Kind in der Schule den Klassenclown oder träumt abwesend vor sich hin?

Auditive Wahrnehmung
- Hat das Kind Probleme, sich Reihenfolgen zu merken, z.B. Wochentage, Alphabet?
- Ist das Kind nicht in der Lage, Anfangslaute von Wörtern herauszuhören?
- Fällt es dem Kind schwer, Wörter in Silben zu gliedern, z.B. Re-gen-wol-ke?
- Hat das Kind Schwierigkeiten zu erkennen, ob Vokale (Selbstlaute) lang oder kurz sind, z.B. langes ´a´ in Saal, kurzes ´a´ in Pfanne?

- Fällt es dem Kind schwer, den Unterschied zwischen ähnlichen Lauten oder Wörtern zu hören, z.B. 'b/d', Nabel/Nadel?

Motorik und Schrift
- Fällt motorische Unsicherheit auf, z.B. beim Laufen, Ball fangen, Schneiden oder Formen zeichnen?
- Schreibt das Kind verkrampft, sodass z.B. der Bleistift abbricht und hat es eine durcheinander geschüttelte Schrift ohne Linieneinhaltung?
- Wird viel radiert, gestrichen, überschrieben, sodass ein unsauberes Schriftbild entsteht?
- Ist das Lesen langsam, stockend und monoton, liest das Kind Buchstabe für Buchstabe?

(handwritten sample with corrections: "schließlich", "trete", "schwerfällig auf die Seite", "entdeckte, dass er hinten keine Stacheln mehr hatte und setzte sich auf. Die beiden Männer erkannten seinen Dank nicht ... sondern nahm ... Deine in die Hand." 31 Fehler 6,0)	Beispiel Schriftbild/ Benotung
(handwritten sample with corrections: "Ja! Jeder Fehler", "etwas", "fahren", "erzählen", "erst", "erklären", "entfernt", "fertig", "eigentlich", "draußen", "ebenfalls", "dreißig")	Schriftbild eines lese-rechtschreib-schwachen Kindes (Lydia, 4. Klasse)

- Fällt es dem Kind schwer, Laute zu verschmelzen, z.B. ´O-m-a´ wird zu Oma?
- Zeigt das Kind Probleme beim Unterscheiden optisch ähnlicher Buchstaben, z.B. ´b/d, u/n, M/W, ei/ie´?
- Wechselt das Kind die Schreibrichtung und schreibt von rechts nach links anstatt von links nach rechts? Schreibt es auch in der 2. Klasse noch die Buchstaben teilweise spiegelverkehrt?
- Kann das Kind auch häufig vorkommende Silben oder Wörter nicht auf einen Blick lesen, z.B. ver-, -ung, es, wenn?
- Erfasst das Kind den Sinn des Gelesenen nur unvollständig? Kann es Gelesenes inhaltlich nicht nacherzählen?
- Lernt das Kind Texte auswendig, anstatt wirklich zu lesen (bleibt häufig lange Zeit unbemerkt, Wort für Wort lesen lassen!)? Versucht es zu raten?

Schreiben
- Schreibt das Kind häufiger noch von rechts nach links statt von links nach rechts?
- Werden hartnäckig optisch oder akustisch ähnliche Buchstaben vertauscht, z.B. ´p/q, d/b, m/n´?
- Schreibt das Kind über das erste Schuljahr hinaus noch lange Zeit so, wie es das Wort hört (lautgetreu), z.B. „Koap" für Korb?
- Werden trotz intensiven Übens viele Diktatfehler gemacht?
- Wird beim Schreiben so genannter „Wortsalat" produziert, z.B. „vretene" für verstehen oder entstehen so genannte „Wortruinen", z.B. „Bun" für Blumen?
- Zeigt das Kind Schwierigkeiten im Erlernen von Regeln wie Groß- und Kleinschreibung oder Dehnung und Doppelung: „sanne" für Sahne, „Klahse" für Klasse?

Viele dieser Anzeichen kommen zu Beginn des Erlernens von Lesen und Schreiben vor, lösen sich jedoch mit der Zeit auf. Sollte das Kind über Monate die gleichen Schwierigkeiten zeigen, ist eine Überprüfung der Lese-Rechtschreibfähigkeit unbedingt angezeigt!

Anzeichen nach der Grundschulzeit

Spätestens (!) ab der 5. Klasse greifen bei einer unbehandelten LRS die Schwierigkeiten neben Deutsch auch auf andere Fächer über. Das Kind bzw. der Jugendliche muss nun komplexe Textaufgaben in Mathematik bewältigen, geschriebene Erläuterungen im Sachunterricht und anderen Fächern verstehen und in Klassenarbeiten ausführlich schriftlich formulieren. Da Kinder mit einer LRS viele Wörter langsamer und nicht auf einen Blick lesen, stehen sie unter zusätzlichem Zeitdruck. Sie müssen bei den meisten Wörtern erst darüber nachdenken, wie man sie schreibt, sodass oftmals einfache Regeln wie die Groß- und Kleinschreibung, aber auch der Inhalt des Geschriebenen vernachlässigt werden.

Wird der/die Betroffene nicht von der Benotung freigestellt, folgen schlechte Zensuren in vielen Fächern – und das ruft verständlicherweise verstärkte Unlust und Vermeidensverhalten hervor. Einige Kinder bzw. Jugendliche geben auf und ziehen sich zurück, andere rebellieren und suchen die lautstarke Auseinandersetzung mit LehrerInnen oder Eltern. Oftmals wird versucht, das verloren gegangene Selbstwertgefühl in Gruppen Gleichaltriger wieder aufzubauen.

Häufig bereitet der Erwerb der ersten Fremdsprache, üblicherweise Englisch, große Probleme. Im Gegensatz zum Deutschen ist die englische Sprache wenig lautgetreu. Viele Kinder und Jugendliche versuchen, das einstmals gelernte Schreiben nach Gehör einzusetzen, wodurch es gehäuft zu Fehlern kommt (z.B. „cieling" statt ceiling, „candel" statt candle). Nicht selten gerät durch neu Erlerntes im Englischen auch das gerade gefestigte Schreiben der deutschen Sprache durcheinander (z.B. „Thisch" für Tisch). Zusätzlich treten Differenzierungsfehler wieder häufiger auf (z.B. ride - right).

Begleit- und Folgeerscheinungen

Je länger die LRS unbehandelt bleibt, desto schwieriger ist es für das betroffene Kind, seine täglichen Misserfolge zu verarbeiten. Es befindet sich in einem Teufelskreis: Das Versagen in der Schule führt zu Angst, die durch erneutes Versagen bestätigt wird – die Angst nimmt zu, es folgen weitere Misserfolge usw. Wie schwer muss es für das Kind sein, diesen täglichen Kampf auszuhalten!

Die Anzeichen der seelischen Stresssituation, man spricht hier auch von „Sekundärsymptomen" der LRS, zeigen sich auf unterschiedlichste Art:

- Deutlicher Einbruch der Lernfreude: Nach anfänglicher Begeisterung lässt der Elan durch fehlende Erfolge schnell nach, Lernen wird als unangenehm empfunden; das Kind verweigert das häusliche Üben und möchte morgens nicht in die Schule gehen
- Angst: Das Kind hat Angst zu versagen, nicht anerkannt oder geliebt zu sein, ausgelacht zu werden, die vertraute Klasse verlassen zu müssen
- Aggressivität und Jähzorn als Folge der täglichen Frustrationen
- Aufmerksamkeitsstörungen: Das Kind spielt den Klassenclown, träumt oder zeigt bei Leistungsanforderungen Ablenkungsmanöver
- Vermindertes Selbstwertgefühl: Das Kind traut sich nichts zu, gibt sich die Schuld für sein Versagen und zeigt sich eher antriebslos

Nicht selten reagieren die Kinder aufgrund der andauernden seelischen Belastung zusätzlich mit körperlichen Symptomen (Psychosomatik). Diese Symptome sind greifbarer als die oben genannten Anzeichen. Eltern, ErzieherInnen und LehrerInnen

Diktatbeispiel / frustrierende Benotung

können sie gut erkennen, als Warnsignal registrieren und, nach Ausschluss einer wirklichen Erkrankung, entsprechende Hilfe anbieten. Es kann u.a. zu Symptomen wie Bauchweh, Kopfschmerzen, Einnässen, Erbrechen, Einschlafstörungen, Hautausschlag oder nervösen Tics (z.B. Augenzwinkern) kommen.

Ist eine starke seelische Belastung des Kindes erkennbar, sollte die Möglichkeit einer psychologischen Betreuung (z.B. in Form einer Spiel- oder Verhaltenstherapie) in Erwägung gezogen werden.

Aufmerksamkeitsstörungen

Aufmerksamkeitsstörungen, die bei Kindern mit LRS häufig zu beobachten sind, sind besonders schwer einzuordnen. Es ergibt sich die Frage nach der Henne und dem Ei: Hat sich die Schwierigkeit des Kindes, sich zu konzentrieren, dadurch ergeben, dass es weder in der Schule noch zu Hause folgen kann und früher oder später aufgibt, da Aufmerksamkeit nicht durch gute Leistungen belohnt wird? Oder war die Konzentrationsschwäche von vornherein vorhanden und hat somit das aufmerksame Aufnehmen des Schulunterrichts verhindert? Man spricht im letzteren Fall von der Aufmerksamkeitsdefizit-/Hyperaktivitätsstörung, die hirnfunktionellen Ursprungs ist und durchaus gemeinsam mit der LRS auftreten kann. Ein eindeutiger Zusammenhang der beiden Störungsbilder konnte bis heute jedoch nicht bewiesen werden. Die Aufmerksamkeitsstörung kann also sowohl Symptom als auch Ursache der LRS sein.

> ⇨ **Zusammenfassung**
>
> Das Erkennen der LRS ist schwierig, da es nicht das *eine* Symptom gibt, das diese Lernstörung kennzeichnet. Es gibt jedoch vor und nach der Einschulung Anzeichen, welche z.B. die Sprachwahrnehmung, die Lese- und Schreibfähigkeit oder die Psyche betreffen, die auf eine LRS hinweisen können. Der Verdacht auf eine LRS sollte unbedingt ernst genommen und eine professionelle Diagnostik angestrebt werden!

Kann einer LRS vorgebeugt werden?

Es ist möglich, das Risiko zur Ausbildung einer LRS schon im Vorschulalter zu diagnostizieren (s. Kapitel „Wie und von wem wird die LRS festgestellt?"). Je nachdem, welche Ergebnisse eine Untersuchung durch LRS-SpezialistInnen erbracht hat, kann eine therapeutische Behandlung notwendig sein (z.B. bei Sprech- und Sprachschwierigkeiten Logopädie, bei Wahrnehmungs- oder Bewegungsstörungen Ergo- bzw. Physiotherapie).

Eine Frühförderung im Vorschulalter kann grundlegende Fähigkeiten, die für den Schriftspracherwerb benötigt werden, stützen und ausbauen. Eltern und Angehörige pädagogischer Berufe können das Kind mit spielerischen Übungen zur Motorik, Wahrnehmung und Sprache gezielt auf das Lesen und Schreiben vorbereiten. Besonders wichtig ist die alltägliche Vermittlung der Bedeutung von Schriftzeichen.

Übungsanregungen

Erfreulich wäre es, wenn die folgenden Anregungen auch von ErzieherInnen in Kindergärten oder LehrerInnen in Vorschulen aufgegriffen werden würden. Für viele Kinder könnten auf diesem Wege deutlich verbesserte Voraussetzungen für den Schriftspracherwerb geschaffen werden, sodass ihnen spätere Misserfolge erspart blieben. Die aufgeführten Anregungen können im Übrigen auch bei Schulanfängern angewandt werden.

Noch etwas Wichtiges vorweg: Erwachsene, die lesen und schreiben können, sprechen davon, dass Wörter aus Buchstaben bestehen. Für ein Vorschulkind bestehen Wörter jedoch aus gehörten Lauten. Es hört ein 'k', ein 'i' und ein 's' im Wort Kies. Die Erwachsenen gehen vom Alphabet aus und sagen, Kies besteht aus den Buchstaben 'ka', 'i', 'e' und 'es'. Das Vorschulkind und auch Schulkinder bis zur 2. Klasse sollten durch die alphabetisierte Aussprache der Erwachsenen nicht verwirrt werden: Die Laute werden so ausgesprochen, wie man sie im Wort hört – so hört man beim langen 'ie' kein 'e', sondern nur ein 'i'. Das lautierende Sprechen ist für Erwachsene gar nicht so leicht und bedarf manchmal der vorherigen Übung.

Fördern Sie die motorische Entwicklung des Kindes, da diese eng mit der Entwicklung von Sprache bzw. Schriftsprache verknüpft ist.

Motorik

- Das Kind sollte auf dem Spielplatz, am Strand oder im Wald laufen, rennen, rutschen, hüpfen, springen, balancieren, klettern: Dabei steht die Bezugsperson zur Hilfestellung bereit, greift jedoch nicht vorzeitig ein; braucht das Kind Unterstützung, sollte ihm nur so weit geholfen werden, dass es selbst weitermachen kann
- Tiere erraten: Abwechselnd werden Tiere anhand ihrer Fortbewegungsart imitiert und erraten, z.B. Watscheln der Ente, Springen des Kängurus, Schlängeln der Schlange
- Schwungübungen mit Tuch: Mit hübschen bunten Tüchern (z.B. aus Viskose) werden Figuren in die Luft geschwungen
- Es darf gemalt, ausgeschnitten, aufgefädelt, geklebt und gefaltet werden: Aus Bastelbüchern kann man schöne Anregungen gemeinsam aussuchen
- Wir spielen mit dem Mund: Wie weit kann die Zunge herausgestreckt werden? Wer kann alle Zähne zeigen oder die Zähne mit der Zunge putzen? Wer macht die schönste Grimasse? Wer kann mit den Lippen prusten wie ein Pferd? Und wer macht die schönsten Seifenblasen oder pustet Watte quer über den Tisch?
- Spiele zum Kaufen
  Pustespiel: „Pustekuchen" von Haba, ab 4 J.
- Geschicklichkeitsspiele: „Diego Drachenzahn" von Haba, ab 5 J., „Billy Biber" von Ravensburger, ab 5 J., „Pomela" von Haba, ab 4 J., „Aquarium" von Ravensburger, ab 3 J., „Zoff im Hühnerhof" von Haba, ab 4 J., „Purzelspinne" von Haba, ab 5 J.

Kind beim Seifenblasen

Eine gut funktionierende Sinneswahrnehmung erleichtert das Lernen, indem sie das fließende Aufnehmen, Verarbeiten und Erinnern von Informationen ermöglicht.

Schulung der Sinne
- Tasten und Spüren: Gegenstände in einem Säckchen ertasten; kneten, mit den Fingern malen, sich eincremen, im Matsch spielen
- Lauschen: Alltagsgeräusche wie das Ticken der Uhr erlauschen, Tierlaute oder einfache Klänge, z.B. von einer Glocke oder Flöte, erraten
- Schmecken: gegenseitig mit Obst füttern und erraten, um was es sich handelt
- Sehen: 1000-Detail-Bilderbücher anschauen, nach Dingen suchen
- Riechen: Erriechen von z.B. Seife, Käse, Orange, Essig
- Spiel zum Kaufen: „Planet der Sinne" von Haba, ab 4 J.

Das gelungene Verstehen und Produzieren von sprachlichen Äußerungen und das Wahrnehmen sprachlicher Merkmale ist eine grundlegende Voraussetzung für das Erlernen des Lesens und Schreibens. Das Kind sollte spielerisch dazu animiert werden, bewusst mit Sprache umzugehen.

Sprache und phonologische Bewusstheit
- Lieder singen, dabei gemeinsam den Rhythmus klatschen, dazu hüpfen, tanzen u.Ä.
- Abzählreime und Fingerverse einsetzen
- Bilderbücher anschauen: abwechselnd erzählen, was passiert
- Verbessern Sie das Kind nicht, wenn es Fehler beim Sprechen macht, sondern geben Sie ein so genanntes korrigierendes Feedback, sodass das Kind den Satz noch einmal richtig hört. Beispiel: Kind: „Wir seht das." Mutter/Vater: „Ja, wir sehen das Auto."
- Bilden Sie gemeinsam mit dem Kind Reimwörter oder kleine Verse, z.B. Maus, Haus, raus: „Die Maus, die wohnt im Haus, geht rein und wieder raus."
- Wortlängen erkennen: „Welches Wort ist länger: Banane oder Fisch?"
- Wörter gemeinsam in Silben unterteilen: „Wie oft kann man klatschen bei Marmelade?" Mar-me-la-de
- Spiel zum Kaufen: „Silbenrallye" von Haba, ab 5 J.

- Wörter anhand des Anfangslautes erraten: „Ich weiß ein Spielzeug, das in deinem Zimmer ist und mit ′f′ beginnt". Laute, die sich beim Sprechen nicht in die Länge ziehen lassen (z.B. ′k,t,p,b,d′), sollten häufiger wiederholt werden
- Lautsuche: „Hörst du ein ′o′ in Ofen?" Zu Beginn sollten nur gedehnte Vokale verwendet und diese beim Aussprechen des Wortes deutlich betont werden
- Gemeinsam backen oder kochen, dabei vorher überlegen, was benötigt wird; Reihenfolge der Handlungen planen, Tätigkeiten sprachlich begleiten; das Kind darf später nacherzählen, was wie in welcher Reihenfolge gemacht wurde

Kind beim Verteilen von Steinen auf Wortkarten

Auf einer Insel
wohnt Herr Pinsel,
ein Stock tiefer
wohnt Frau Kiefer
Mickey Mickey Maus
und du bist raus!

Beispiel für Abzählreim

(Daumen)
Der sagt: „Ich bin berühmt und reich!"
(Zeigefinger)
Der sagt: „Ich bin der Wüstenscheich!"
(Mittelfinger)
Der sagt: „Ich bin die kleine Maus."
(Ringfinger)
Der sagt: „Ich bin der Nikolaus!"
(kleiner Finger)
Der Kleine aber sagt: „Ich glaub', Ihr spinnt, Ihr wisst doch, dass wir Finger sind."

Beispiel für Fingerreim

Kinder wissen oftmals noch nicht, dass Buchstaben Stellvertreter für Informationen sind. Helfen Sie dem Kind, die Funktion der Schriftsprache zu erfassen.

Bedeutung von Schriftzeichen

- Neugier für Schriftzeichen schaffen: Der Erwachsene liest beiläufig vor, was auf Packungen oder Schildern steht oder spricht beim Schreiben leise mit
- Das Kind unterstützen und loben, wenn es versucht, seinen Namen zu schreiben; auch unlesbares Gekritzel ist wichtig, wenn das Kind dies mit Bedeutung belegt; den Anfangsbuchstaben des Namens hervorheben: z.B. ein ´m´ für Marc
- Vorlesen in ruhiger, entspannter Atmosphäre, das Kind darf das Buch aussuchen; der Erwachsene fährt während des Vorlesens mit dem Finger die Wörter/Zeilen ab
- Gemeinsam ein „Buch" herstellen: Das Kind malt die Bilder (schneidet aus, klebt), der Erwachsene schreibt nach Absprache den passenden Begriff oder Text dazu

! Tipp: Die genannten Anregungen sollten spielerisch bleiben – Lernen bringt Freude, wenn es freiwillig und durch eigene Neugier geschieht. Falls nötig, ist Hilfestellung wichtig, damit das Kind Erfolgserlebnisse verzeichnen kann und sich weitere Experimente zutraut. Die Ideen des Kindes sollten aufgegriffen werden.

Für die Arbeit im Kindergarten finden sich in dem Buch „Hören, lauschen, lernen" von Küspert und Schneider (s. Kapitel „Literaturtipps") wertvolle Anregungen.

> **Zusammenfassung**

Das LRS-Risiko eines Kindes kann bereits im Vorschulalter festgestellt werden. Je nach zugrunde liegendem Problem sollte eine entsprechende therapeutische Förderung des Kindes frühzeitig angestrebt werden. Für zu Hause und die Förderung im Kindergarten gibt es eine Reihe von spielerischen Übungen, die gute Voraussetzungen für den Schriftspracherwerb schaffen und außerdem Freude bereiten. Zu fördern sind besonders die Bereiche Motorik, Wahrnehmung, Sprache und Bedeutung von Schriftzeichen. Die Anregungen sollten die Lernfreude des Kindes wecken und spielerisch sein.

„Wie fühlt man sich, wenn man Lesen und Schreiben lernen soll?"

Auflösung:
Malen alle?
Alle malen Emil.
Alle malen mit Lila.
Alle malen Emil lila an.
Lena malt Nina lila an.
Tina malt Tim.

Wie lernen Kinder Lesen und Schreiben?

Es gibt zahlreiche theoretische Modelle, die sich mit dem Schriftspracherwerb befassen. Exemplarisch soll hier ein Modell zu den Phasen der Lese- und Schreibentwicklung kurz dargestellt werden, um die Leistungen des Kindes zu verdeutlichen und den möglichen Ursprung von Fehlern zu illustrieren. Der Prozess des Schriftspracherwerbs ist als fließend zu verstehen, die einzelnen Phasen gehen ineinander über.

Der Schriftspracherwerb ist ein kontinuierlicher Prozess, in dessen Verlauf das Kind immer wieder neue Lese- und Schreibstrategien entwickelt.

1. **Logografische Phase**
   Zu Beginn des Schriftspracherwerbs erkennen Schulanfänger einzelne Wörter im Ganzen, d.h., sie speichern das „Bild" des Wortes (z.B. das Logo von Aldi oder Nivea, das Wort STOP auf dem Stoppschild). Beim Schreiben wird ebenfalls das als Bild gespeicherte Wort reproduziert.

2. **Alphabetische Phase**
   Während dieser Phase beginnt das Kind, die Beziehungen zwischen Lauten und Buchstaben zu verstehen. Es kann nun auch unbekannte Wörter buchstabenweise erlesen. Beim Verschriften schreibt das Kind, wie es spricht, z.B. „Farat" für Fahrrad.

3. **Orthografische Phase**
   Beim Lesen ordnet das Kind nun Wörter nach Buchstabengruppen wie z.B. Vor- oder Nachsilben (ver-, nach-, -heit). Häufig vorkommende Wörter liest es auf einen Blick, außerdem nutzt es den Zusammenhang (Kontext), sodass die Lesegeschwindigkeit steigt. Beim Schreiben kann das Kind ebenfalls Gruppen von Buchstaben abrufen und zunehmend Regeln berücksichtigen (z.B. Groß- und Kleinschreibung, Dehnung und Dopplung).

Kinder mit LRS durchlaufen die genannten Phasen langsamer bzw. unvollständig und befinden sich deshalb meist in einer früheren Phase als ihre Klassenkameraden. So können manche Schreibweisen für das Kind absolut sinnvoll erscheinen, auch wenn sie falsch sind. Dazu ein vereinfachtes Beispiel:

Schreibt das Kind das Wort Mama als „Mma", zeigt es damit, dass ihm das lautgetreue Schreiben (alphabetische Phase) noch nicht gelingt. Es ordnet noch nicht jedem Laut einen Buchstaben zu. Schreibt das Kind dagegen „Mamer", ist erkennbar, dass es eine neu erlernte Regel übertragen hat (z.B. man schreibt ʹKaterʹ, obwohl man ʹKataʹʺ spricht) und sich bereits in der orthografischen Phase befindet.

Manche Fehler sind also, je nach individueller Entwicklungsstufe des Kindes, durchaus sinnvoll und dürfen als positiv bewertet werden!

Wie kann bei LRS geholfen werden?

Zeigt ein Kind hartnäckige Probleme beim Lesen und Schreiben und ist die LRS noch nicht diagnostiziert, haben Familie und Schule meist dieselbe Idee, um zu helfen: Sie üben mit dem Kind. Natürlich, nur Üben übt. Und Übung macht den Meister. Hat das Kind keine Lese-Rechtschreibstörung, mag dies auch stimmen. Bei einem Kind mit LRS nützen diese Faustregeln jedoch wenig. Würde man mit dem Kind nur an seinen Schreib- und Lesefehlern üben, wäre es so, als reparierte man an einem Haus mit marodem Fundament das Dach – sackt das Haus zur Seite ab, werden auch die neuen Dachziegel wieder herunterfallen!

Sinnvoll ist also nicht die Arbeit am Symptom (den Fehlern), sondern an den Lernvoraussetzungen bzw. der Lernstufe, auf der sich das Kind befindet. Und diese wichtige Arbeit leistet, in Kombination mit der häuslichen Förderung, die erfahrene Therapeutin. Eine kontinuierliche, individuell auf Stärken und Schwächen des Kindes ausgerichtete Therapie bringt unendlich viel mehr als die ungezielten, nicht selten tränenreichen Übungsstunden zu Hause.

Eltern und andere betreuende Personen können eine Vielzahl von Übungen, z.B. zur gezielten Wahrnehmungsförderung oder zur Verbesserung der Buchstabenkenntnisse, durchführen – die Hilfe von Fachleuten, die ein detailliertes Wissen im Bereich der Kindesentwicklung, des Schriftspracherwerbs und der LRS besitzen, ersetzt dies jedoch nicht.

Professionelle Therapie

Da eine kaum überschaubare Palette von Fördermaßnahmen angeboten wird, sollten verschiedene Therapieangebote eingeholt, verglichen und auf ihre Qualität hin überprüft werden. Auch Erkundigungen im Freundes- und Bekanntenkreis nach Fachleuten, die bereits andere Kinder mit LRS erfolgreich therapiert haben, können sinnvoll sein.

Häufig taucht der Begriff „LRS-Therapeutin" auf – diese Bezeichnung ist nicht gesetzlich geschützt, sodass man von keiner einheitlichen Ausbildung ausgehen kann. Die meisten LRS-TherapeutInnen verfügen neben einer pädagogischen, sprachtherapeutischen oder psychologischen Ausbildung über Zusatzqualifikationen, die sie zum Therapieren von Lernstörungen befähigen. Wichtig ist, dass die Therapeutin über fundierte Kenntnisse zur kindlichen Entwicklung und zum Sprach- und Schriftspracherwerb verfügt. Eine spezielle Qualifikation zur Behandlung der LRS muss vorhanden sein! Zusätzlich sind Kenntnisse zur Gesprächsführung, Verhaltens- und Familientherapie etc. von Nutzen. Auch zwischenmenschliche Fähigkeiten wie Einfühlungsvermögen und Vertrauen in die Fähigkeiten des Kindes sind wichtig.

Misstrauen ist geboten, wenn mit pauschalen Patentrezepten zur Behebung der LRS geworben wird. Die LRS ist niemals nur auf eine Ursache zurückzuführen, ferner hat jedes Kind seine individuellen Stärken und Schwächen – und das sollte sich auch im Therapiekonzept niederschlagen!

Was Eltern unbedingt vor Inanspruchnahme einer Therapie erfragen sollten:
- Über welche Art der Qualifikation verfügt die Therapeutin?
- Was kostet eine Therapieeinheit, dauert diese 45 oder 60 min?
- Beinhaltet der Vertrag eine Probezeit mit Kündigungsfrist?
- Arbeitet die Therapeutin mit anderen Fördereinrichtungen zusammen?
- Wird die Lese- und Rechtschreibleistung des Kindes überprüft, sodass eine aussagekräftige Diagnose gestellt werden kann?
- Schlagen sich die individuellen Fähigkeiten des Kindes im Therapiekonzept nieder?
- Kommen unterschiedliche Methoden im Wechsel zum Einsatz (keine einseitige Arbeit z.B. ausschließlich am Computer)?
- Werden neben der Lese-Rechtschreibförderung auch andere Bereiche wie Motorik, Wahrnehmung und Lerntechniken geschult?
- Werden die Eltern in die Arbeit mit dem Kind einbezogen, wird die Möglichkeit zum Kennenlernen der therapeutischen Vorgehensweise angeboten?

! Tipp: Der Bundesverband Legasthenie e.V. gibt in Form der Broschüre „Schulische und außerschulische Förderung" eine ausführliche Liste mit zu erfragenden Details heraus, die vor Beginn einer Therapie abgeklärt werden sollten.

> **⇨ Zusammenfassung**
>
> Eine diagnostizierte LRS sollte immer auch professionell behandelt werden. Leider gibt es nicht den Beruf, der fachlich erstklassige TherapeutInnen bei der LRS verspricht. Es sollten genaue Informationen bzgl. der Qualifikation eingeholt werden – seriöse TherapeutInnen werden darüber gerne Auskunft geben. Misstrauen ist beim Versprechen eines schnellen Erfolges durch Therapieren nach „Schema F" geboten.

Unterstützung durch die Eltern

Das folgende Beispiel schildert die oft schwierige Situation zu Hause:

Die Mutter von Sebastian ist verzweifelt. Seit einer Stunde sitzt sie nun schon mit ihm an seinen Hausaufgaben, aber wie immer ist es hoffnungslos. Sebastian zappelt herum, hat seine Arbeitssachen nicht beisammen, gibt sich keine Mühe, muss auf Toilette – jeden Tag dasselbe Spiel. Nun hat Sebastians Mutter ihren Sohn auch noch ausgeschimpft. Sie merkt, dass ihr Nervenkostüm von Tag zu Tag dünner und Sebastian immer verstockter wird. Wozu überhaupt die ganze Plackerei, wenn Sebastian doch keine Fortschritte macht und Wörter falsch schreibt, die er doch am Tag zuvor noch konnte?

Meist sind es die Mütter, die viel Zeit und Mühe opfern und nicht selten verzweifelt sind, wenn ihr Kind keine Fortschritte macht. Das Kind hingegen empfindet das tägliche Üben als Strafe für seine „Dummheit" und fühlt sich ungeliebt, weil es seine Eltern enttäuscht und seine Leistungen trotz des vielen Übens nicht besser werden.

Bis die LRS erkannt wird, vergeht oft viel Zeit. Die Situation zu Hause ist bis dahin stark angespannt, nicht selten ist der Familienfrieden aus den Fugen geraten. Betrachtet man das Geschehen mit Distanz, kann der Rat nur lauten: Die Förderung des Kindes gehört weitestgehend in professionelle Hände. Bezugspersonen helfen dem Kind am meisten dadurch, dass sie die Beziehung zu ihm verbessern, sein Selbstvertrauen aufbauen und den Familienfrieden wieder herstellen – denn der ist viel wichtiger als Schulnoten! Besonders die Rolle der Mutter ist von Bedeutung: Sie sollte in erster Linie immer Mutter und nicht Lehrerin sein. Denn das Kind braucht emotionalen Zuspruch, Trost und Verständnis. Ist die häusliche

Situation zu verfahren, kann auch eine Familientherapie oder Erziehungsberatung in Anspruch genommen werden, um Probleme sachlich aufzuarbeiten.

Im Alltag sollte also nicht das Üben, sondern die gefühlsmäßige Unterstützung des Kindes im Vordergrund stehen:

- Eltern und andere Bezugspersonen sollten dem Kind zeigen, dass sie daran glauben, dass es Lesen und Schreiben lernen kann
- Gespräche mit dem Kind und seinen Geschwistern sind wichtig, um die besondere Situation zu erklären
- Eltern können für positive (Lern-)Erlebnisse sorgen, indem sie mit dem Kind spielen, gemeinsam die Natur beobachten, die Funktion von Dingen erklären und die Neugier des Kindes wecken
- Lese- und Rechtschreibleistungen des Kindes sollten nicht mit denen anderer Kinder verglichen werden (auch nicht von LehrerInnen)
- Positiv ist es, wenn nicht die gemachten Fehler hervorgehoben werden, sondern richtig Gelesenes bzw. Geschriebenes gelobt wird

! **Tipp:** Beim Korrigieren richtig geschriebene Wörter mit einem Leuchtmarker hervorheben, anstatt Fehler rot anzustreichen

- Bezugspersonen sollten ihr Augenmerk wieder mehr auf die Stärken des Kindes richten; für Ausgleich kann gesorgt werden, indem Talente wie Handwerken, Sport, Theaterspielen o.Ä. gefördert und unterstützt werden
- Eltern können den Austausch mit der Schule anregen: LehrerInnen sollten über die Nöte des Kindes oder dessen Bemühungen informiert werden; auch die Aufhebung der Benotung sollte diskutiert und durchgeführt werden (Beobachtungsprotokolle geben viel eher Aufschluss über die Entwicklung der Lese-Rechtschreibleistungen als undifferenzierte Noten)
- Der Spruch „Wenn es nur wollte, könnte es" sollte sparsam gebraucht werden: „Wenn es könnte, wollte es" trifft viel eher den Kern

Übungsvorschläge für zu Hause

Selbstverständlich können auch Eltern, ErzieherInnen und andere Bezugspersonen das Kind beim Erlernen des Lesens und Schreibens unterstützen, indem sie entsprechende Übungen anbieten. Damit das gemeinsame Üben erfolgreich verläuft, sind ein paar Punkte zu beachten:

Es ist sinnvoll, die Übungszeit zu begrenzen und feste Zeiten zu vereinbaren. Neben den Hausaufgaben sollte täglich nicht länger als 15-20 Minuten geübt werden. Ein ruhiger Arbeitsplatz ist die Grundvoraussetzung für effektives Lernen. Zwang ist zu vermeiden: Die Motivation zum Lernen entsteht allein durch Erfolge und diese wiederum entstehen durch Hilfestellung und angemessenen Schwierigkeitsgrad, manchmal auch durch kleine Belohnungen. Bezüglich der Erwartungshaltung der Erwachsenen ist unbedingt zu bedenken, dass das Kind bei den Übungsspielen stark gefordert wird – schließlich werden gerade diejenigen Fähigkeiten benötigt, über die das Kind nur eingeschränkt verfügt.

Um die Aufmerksamkeit des Kindes zu erlangen, sollten die Übungen mit einem Ritual begonnen werden: z.B. Ohren reiben bei Lauschübungen, Kopfstand als Denkstarthilfe, 5x tief durchatmen zum Konzentrieren.

Noch etwas Wichtiges: Beim Üben mit Erst- und Zweitklässlern sollten die Laute so ausgesprochen werden, wie man sie im Wort hört: Der erste Laut in 'fahren' heißt nicht 'ef', sondern 'f'! Das erwachsene Buchstabieren nach Alphabet verwirrt das Kind, da es zu Beginn des Schriftspracherwerbs in der Schule das Buchstabieren nach Gehör (lautierend) kennen lernt (s. auch Kapitel „Kann einer LRS vorgebeugt werden?").

Die folgenden spielerischen Übungen dienen der Förderung der Bereiche

- Entspannung
- auditive Wahrnehmung und phonologische Bewusstheit
- visuelle Wahrnehmung
- taktil-kinästhetische Wahrnehmung
- Buchstabe-Laut-Zuordnung und Laut-Buchstabe-Zuordnung
- Lernstrategien und -techniken
- Freude am Umgang mit Sprache/Schriftsprache
- Lernen am Computer.

Entspannung

Es macht wenig Sinn, wenn Eltern oder Lehrer ständig eine hohe Konzentration verlangen, ohne dem Kind Phasen der Ruhe zur Regeneration zu gönnen. Kinder mit LRS benötigen beim Lesen und Schreiben viel mehr Konzentration als andere Kinder. Oft genügen schon kurze Pausen, um Denkblockaden vorzubeugen und die Konzentrationsfähigkeit aufzufrischen. Folgende Übungen sind geeignet:

Entspannung am Schreibtisch

Das Kind legt einen Arm auf den Tisch und bettet den Kopf darauf. Dann atmet es ca. eine Minute ruhig ein und aus. Wenn es mag, kann es nach der Übung über seine Empfindungen reden.

Körper ausschütteln

Oberkörper, Kopf, Schultern und Arme des Kindes hängen im Stehen nach vorn und schwingen hin und her: Der Kopf pendelt, die Wangen schlackern, Schultern und Arme fallen vor – dabei darf auch herzhaft geseufzt und gegähnt werden!

Körperreise/Fantasiereise

Das Kind liegt bequem auf einer Wolldecke auf dem Boden und beginnt nach Anleitung mit einer Reise durch seinen Körper: Zuerst spürt es seinem Empfinden in den Füßen nach (Kippen sie nach außen oder innen? Liegen sie fest auf? Sind sie warm oder kalt?), dann wandert die Aufmerksamkeit über die anderen Körperteile immer höher, bis sie am Kopf angelangt ist.
Entspannende Fantasiereisen mit Anleitung, bei denen das Kind einer Geschichte lauscht und in seiner Fantasie z.B. an den Strand oder auf einen Berg geführt wird, sind im Buch „Wie Kinder innerlich zur Ruhe kommen" von Günter Harnisch (s. Kapitel „Literaturtipps") nachzulesen.

Wahrnehmung

Die Förderung der einzelnen Wahrnehmungsbereiche und deren Zusammenarbeit ist wichtig, um die basalen Fähigkeiten für das Erlernen der Schriftsprache zu festigen und zu verbessern. Die nachfolgenden spielerischen Übungen sind nicht nur für zu Hause, sondern auch für die Schule oder den Hort geeignet.

Übungen zur auditiven Wahrnehmung und phonologischen Bewusstheit

Was hörst du?

Die Mitspieler schließen die Augen und konzentrieren sich für eine gewisse Zeit (Dauer vorher absprechen, z.B. eine Minute) auf die Geräusche der Umgebung: Auch wenn der Raum ruhig erscheint, gibt es mehr zu erlauschen, als man denkt! Wer hat was gehört?

Womit mache ich dieses Geräusch?

Ein Mitspieler produziert ein Geräusch oder einen Klang, der/die Mitspieler raten: z.B. Papierrascheln, Druckknopf schließen, Glocke o. anderes Instrument anschlagen. Variante: Können alle Geräusche identifiziert werden, soll der Ratende sich eine Reihenfolge von z.B. drei Geräuschen/Klängen merken. Wichtig: Unbekannte Instrumente vorher ausprobieren und benennen!

Kind beim Identifizieren eines Instruments

Fragezeichen suchen

Dieses Spiel fördert das auditive Gedächtnis für gesprochene Sprache. Gemeinsam mit dem Kind wird ein Bild mit möglichst vielen Details (z.B. Bilderbuch, Zeitschrift, Katalog) betrachtet. Nun darf das Fragezeichen gesucht werden: Abwechselnd werden Aufträge erteilt, deren Inhalt sich das Kind merken muss, z.B. „Zeige mir das Fragezeichen, das klein und grün ist" (Frosch) oder „Findest du das Fragezeichen, das braun ist, Schnürsenkel hat und aus Leder ist?" (Schuh).

! Tipp: Stehen bei dem Kind visuelle Probleme im Vordergrund, ist dieses Spiel eventuell zu schwer. Als Variante können Aufträge erteilt werden, die im Raum ausführbar sind, z.B. „Gehe zur Tür, schalte das Licht an und klopfe an den Türrahmen".

Lauschen bei Geräuschkulisse

Während dieser Übung läuft im Hintergrund das Radio, eine Hörkassette o.Ä., sodass das Kind sich unter erschwerten Bedingungen auf Gehörtes konzentrieren muss. Das Kind soll erlauschen, was der Mitspieler sagt (Wort, Satz, Verszeile etc.). Achtung: Der Mund des Sprechers muss verdeckt sein!

Ich sehe was, was du nicht siehst

Spieler und Mitspieler suchen sich abwechselnd Gegenstände aus dem Raum und sagen z.B.: „Ich sehe was, was du nicht siehst, und das fängt mit ′w′ an."
Variante: Endlaute heraushören „Ich sehe was, was du nicht siehst, und das hört mit ′t ′ auf." Achtung: Z.B. beim Wort Hemd hört man als Endlaut ein ′t′ und nicht ein ′d′! Fragt das Kind nach, sollte der Unterschied zwischen Hören und Rechtschreibung erläutert werden.

Farben erraten

Ein Spieler denkt sich eine bestimmte Farbe, die er anschließend verzögert ausspricht, z.B. ′r-ot, w-eiß, sch-warz′. Der Mitspieler darf erraten, um welche Farbe es sich handelt. Auch Begriffe aus anderen Kategorien sind möglich: Tiere, Berufe etc. Bei älteren Kindern kann der Schwierigkeitsgrad gesteigert werden, indem keine Kategorie benannt wird und der gesuchte Begriff damit schwerer zu erraten ist.
Variante: Bei kürzeren Wörtern können zunehmend Verzögerungen eingebaut werden, z.B. ′F-u-ß, T-a-sch-e′. Der Schwierigkeitsgrad sollte sich am Können des Kindes orientieren!

Silben zerlegen

Das Kind sucht ein Setzspiel aus, das es gerne spielt, z.B. „Mensch-ärgere-dich-nicht". Nun werden Karten angefertigt, auf denen zwei- bis sechssilbige Wörter stehen: Rasen, Laterne, Badewanne, Marmeladenglas, Kaufmannsladentresen etc. Anstatt nun, wie eigentlich beim Setzspiel üblich, zu würfeln, wird vor dem Setzen eine der angefertigten Wortkarten gezogen: Wie viele Silben hat das Wort? Die Setzfigur darf ein Feld pro Silbe vorgerückt werden.

Memory mit Minimalpaaren

Minimalpaare zeichnen sich dadurch aus, dass sie sich nur durch einen einzigen Laut unterscheiden: Katze-Tatze, rutschen-lutschen, Hase-Vase etc. Zusammen denken sich die Spieler solche Wortpaare aus und malen Bilder dazu. Dann kann Memory gespielt werden: Es dürfen je zwei Karten pro Spieler aufgedeckt werden – gesammelt werden sich reimende Bildpaare. Es sollte laut überlegt werden: „Maus-Schuh? Nein, das reimt sich nicht, es hört sich ganz verschieden an. Aber Kuh-Schuh würde sich reimen!"

Wörter beenden

Die Spieler überlegen sich Wörter, die wiederum aus zwei zusammengesetzten Wörtern bestehen: Schul-tasche, Schreib-heft, Kaffee-kanne, Kranken-wagen etc. Die Wörter können auch aufgeschrieben werden, es darf aber nicht gespitzelt werden! Nun wird abwechselnd gefragt, ob das Wort erraten und beendet werden kann: Schul-...? Schreib-...? Kaffee-...? Kranken-...?

Weitere Vorschläge

Alle Spiele, die ein genaues Zuhören verlangen, sind prima! Es kann z.B. ein Geräuschmemory mit paarweise gefüllten Filmdosen (Inhalt Reiskörner, Murmeln, Watte etc.) angefertigt werden. Wer hört ein gleich klingendes Paar heraus? Soll gereimt werden, macht dies besonders mit Quatschwörtern Spaß: Apfel-Papfel-Schapfel! Förderlich ist auch der Einsatz wechselnder Abzählverse, wenn es darum geht, wer beim Spielen beginnen darf. Erwachsene sollten sich dabei vom Kind inspirieren lassen, oftmals kennt es mehr Verse als die Erwachsenen. Gemeinsam können auch Verse erdacht werden: Ene mene Maus, und du bist raus!

Spiele zum Kaufen

„Ratz-Fatz" von Haba: Erfordert konzentriertes Zuhören und schnelles Reagieren.
„Silbenrallye" von Haba: Trainiert die Silbengliederung und erweitert den Wortschatz.

Übungen zur visuellen Wahrnehmung

Fliegen-Pilot

Die Spieler stellen sich einen dicken Brummer vor, der durch den Raum fliegt. Abwechselnd darf ein Spieler Pilot sein und bestimmen, welche Bahn der Brummer nimmt. Er beschreibt z.B.: „Jetzt sitzt die Fliege auf der Fensterbank neben dem Blumentopf. Nun fliegt sie los. Sie setzt sich kurz auf den Lichtschalter bei der Tür und landet dann auf dem Tisch." Beide Spieler sollen dem imaginären Brummer konzentriert mit den Augen folgen!

Kugelbahn

Die Kugel wird losgeschickt und darf ab einem markierten Punkt gefangen werden. Es darf jedoch nicht an einer bestimmten Stelle „gelauert" werden! Um dies zu vermeiden, muss die Greifhand auf dem Boden liegen und darf erst zum Fangen der Kugel hochschnellen.
Variante: Ist keine Kugelbahn vorhanden, hält ein Spieler dem anderen einen Gegenstand (z.B. Lineal) hin und zieht ihn dann ohne Vorankündigung weg. Der Gegenspieler versucht, den Gegenstand in Blitzesschnelle zu erwischen. Schwer!

Schnellsuche

Es werden Wachs-, Filz- und Buntstifte verschiedener Farbe und Form benötigt. Diese werden durcheinander auf dem Tisch verteilt. Der Spieler mit der Stoppuhr darf die Anweisung geben, z.B. „Suche den blauen Buntstift". Die Zeit, die der Mitspieler zum Suchen braucht, wird gestoppt.

Formensuche

Verschiedene Formen werden auf ein DIN A 4-Blatt gemalt: Dreiecke, Kreise, Quadrate usw. Jede Form soll mehrfach in unterschiedlicher Gestalt vorhanden sein, z.B. ein Dreieck kann klein sein, ein anderes hat drei gleich lange Seiten, das nächste ist spitz und länglich. Der Auftrag lautet nun, z.B. alle Dreiecke anzukreuzen.

Variante: Das Spiel ist anstatt mit gezeichneten Formen auch mit geschriebenen Buchstaben möglich (Buchstaben verschiedener Größe und Form).

Wirbelsturm

Für den Wirbelsturm benötigt man Knetmasse, Salzteig, Fimo o.Ä. Nun werden gemeinsam alle Buchstaben des Alphabets geknetet. Vorab sollte festgelegt werden, ob kleine oder Großbuchstaben (evtl. zuerst die nehmen, mit denen das Kind weniger Schwierigkeiten hat) hergestellt werden. Die Knetbuchstaben müssen einige Tage trocknen. Werden die getrockneten Buchstaben beim nächsten Mal auf den Tisch gelegt, saust ein kleiner Wirbelsturm durch sie hindurch: Die Buchstaben liegen spiegelverkehrt, auf dem Kopf, auf der Seite usw. Das Kind darf nun alle Buchstaben ordnen, wenn möglich nach dem Alphabet.

Eins ist weg

Auf dem Tisch werden verschiedene Alltagsgegenstände ausgebreitet: Radiergummi, Wasserglas, Kerze, Ring etc. Je mehr Gegenstände, desto schwieriger ist das Spiel! Nun gibt der Spieler seinem Mitspieler 30 Sekunden Zeit, sich die Gegenstände einzuprägen. Dann muss der Mitspieler die Augen schließen, während der andere Spieler leise einen Gegenstand vom Tisch nimmt und unter dem Tisch verbirgt. Der Mitspieler darf seine Augen öffnen und raten, was fehlt.
Variante: Gegenstände einprägen, Augen schließen, auf dem Tisch befindliche Gegenstände aufzählen.

Weitere Vorschläge

Geschicklichkeitsspiele, bei denen z.B. eine Kugel ins Loch geschwenkt werden muss; Murmeln in Mulde rollen, Ausmalen von Bildern, Stempeln von Buchstaben, Wörtern und Sätzen, Schiffe versenken, Lego Technic, Puzzles, Steckspiele etc.

Spiele zum Kaufen

„HalliGalli" ab 6 J., fördert visuelle Differenzierungsfähigkeit und Reaktionsschnelligkeit, von Amigo.
„Murmelmonster" ab 6 J., erfordert Raum-Lage-Wahrnehmung und visuelle Differenzierung, von Ravensburger.

„Kayanak" von Haba: Das Spiel erfordert visuelle Merkfähigkeit und genaue Auge-Hand-Koordination.

Buchstabenstempel-Kasten von Betzold: Die Stempel der einzelnen Buchstaben können zu einem Wort bzw. Satz zusammengesteckt werden und sind auch an der Oberseite les- und korrigierbar.

Übungen zur taktil-kinästhetischen Wahrnehmung

Das Kind sollte beim Erlernen der Schriftsprache nicht nur mit Papier und Bleistift arbeiten, sondern im wahrsten Sinne des Wortes be"greifen".

Formen ertasten

Gegenstände in einem Beutel werden bei geschlossenen Augen ertastet und erraten, z.B. Löffel, Ball, Kerze etc. Auch Buchstaben können ertastet werden (aus Moosgummi selbst herstellen oder Holzbuchstaben kaufen).

Mundraten

Formen dürfen im Mund mit der Zunge betastet, hin- und hergeschoben und erraten werden, z.B. mit unterschiedlichem Salzgebäck (Brezel, Fische, kleine Salzstangen). Schwieriger wird es schon mit Buchstaben aus Weingummi oder Gebäck („Russisch Brot").

Sprechen mit Korken

Es darf mit vollem Mund gesprochen werden: Mit einem mittelgroßen Korken zwischen den Vorderzähnen werden verschiedene Laute deutlich artikuliert (gar nicht so leicht!), der Partner darf raten. Gelingt es gut, kann man auch das Sprechen von Wörtern probieren.

Rückenmalen

Ein beliebiger Buchstabe (schwieriger: ein Wort) wird mit dem Finger deutlich auf den Rücken des Partners gemalt und anschließend erraten.

Spiele zum Kaufen

„Tastmemory" von Kleiner Verlag mit dem roten Faden: Das Fühlspiel erfordert Aufmerksamkeit und viel Gespür.
Kiste kaufen, mit Moosgummi-Buchstaben zum Ertasten bestücken, z.B. von Eduplay.
„Tast-Buchstaben" von Schubi: zum Ertasten und Fühlen, gibt es aus Plastik und als Sandpapier-Buchstaben.

Buchstabe-Laut-Zuordnung/Laut-Buchstabe-Zuordnung

Die Grundvoraussetzung zum erfolgreichen Lesen und Schreiben ist das Verstehen des alphabetischen Prinzips der Schriftsprache. Dies bedeutet, dass das Kind begreift, dass unsere Sprache in einzelne Laute zerlegt werden kann, die wiederum durch Buchstaben repräsentiert werden. Wie das Verständnis für die Funktion der Schrift gefördert werden kann, ist im Kapitel „Kann einer LRS vorgebeugt werden?" bereits beschrieben worden. Hat das Kind dieses Prinzip verstanden, können die Buchstabenkenntnisse geübt und damit gefestigt werden. Viele Kinder mit LRS können auch im 3. und 4. Schuljahr noch nicht alle Buchstaben sicher lesen und schreiben. Folgende Spiele dienen dem Üben der Zuordnung vom Buchstaben zum Laut und umgekehrt:

- Buchstaben mit dem Finger groß in die Luft malen und dabei aussprechen
- Buchstabenmemory: Karten mit allen Buchstaben des Alphabets werden selbst hergestellt (in doppelter Ausfertigung), beim anschließenden Spiel werden Paare zusammengesucht und der Buchstabe benannt
- aus Gebäckbuchstaben („Russisch Brot") doppelte Buchstaben heraussuchen und benennen – danach essen!

Therapeutin und Kind beim Buchstaben heraussuchen/ordnen

- Buchstaben flüstern oder pantomimisch artikulieren (schwer!), gehörten oder abgelesenen Laut aufschreiben lassen
- Buchstabensalat: Ein Laut wird genannt und soll zwischen zahlreichen Buchstaben aus Holz, Plastik o.Ä. herausgesucht werden
- mehrere Buchstaben in Kartenform auf den Boden legen, einen der Laute nennen, entsprechenden Buchstaben mit einem Softball abwerfen lassen

Lernstrategien und -techniken

Häufiger ist bei Kindern mit LRS ein konfuses und umständliches Herangehen an gestellte Aufgaben zu beobachten. Um dem Kind ein Mittel zum selbstständigen und effektiven Arbeiten an die Hand zu geben, ist das Vermitteln von Lernstrategien und -techniken sinnvoll. Dies können sein:

- leises silbenweises Mitsprechen beim Schreiben, das synchron zum Schreiben sein sollte; zusätzlich sind gemalte Silbenbögen unter den Wörtern hilfreich
- Wörterbuch für Kinder kaufen, in dem das Kind nach gemeinsamer Übungsphase selbst nachschlagen kann
- Lesepappe oder Lineal benutzen, um die Orientierung beim Lesen von Texten zu erleichtern
- Anlegen einer Kartei für „gemeine" Wörter, die besonders schwer fallen, Wörter in Abständen wiederholt üben (Lernkarteikästen bestellbar, s. Kapitel „Hilfreiche Adressen")
- Schlüsselwörter in längeren Texten mit einem Leuchtstift markieren, dient der besseren Sinnerfassung
- „Paired Reading" (Lesen zu zweit): Zunächst liest das Kind den gewählten Text leise durch. Dann wird zusammen mit der Bezugsperson möglichst synchron noch einmal laut gelesen. Kleine Lesefehler dürfen ignoriert werden, vielmehr dient diese Lesetechnik dem Sinnverständnis und schafft Erfolgserlebnisse
- lautes Nachdenken besonders beim Schreiben: z.B. zum Wort vergessen passt ich, du, er – also wird es kleingeschrieben; z.B. das Wort Dieb lässt sich zu Diebe verlängern, also wird es am Ende mit ´b´ geschrieben

Wie man Lust auf Lesen und Schreiben macht

Es ist nicht einfach, Kinder, die durchweg unerfreuliche Erfahrungen mit der Schriftsprache gemacht haben, zum Lesen und Schreiben zu animieren. Mit ein paar Tricks und viel Lob und Bestätigung kann es trotzdem klappen:

- Leseanlässe schaffen: kleine Nachrichten hinterlassen, nach Filmtiteln in TV-Zeitschriften fragen, Überschriften in der Zeitung lesen lassen, Kinderzeitschriften oder Comic-Hefte mitbringen, Kinderseiten in Zeitschriften heraustrennen, Einkaufszettel während des Einkaufs vorlesen lassen, nach Aufschriften von Orts- und Hinweisschildern bei Autofahrten fragen
- Schreibanlässe schaffen: Wunschzettel verfassen lassen, Hefte mit Kinder-Kreuzworträtseln besorgen, Briefe oder E-Mails an Verwandte und Freunde schicken lassen, Fanpost anregen
- Vorlesen: Die meisten Kinder genießen es (egal in welchem Alter), wenn ihnen vorgelesen wird – so erleben sie die Schriftsprache als etwas Positives und Entspannendes!
- Zauberkasten besorgen – das Kind wird freiwillig die Anleitungen der einzelnen Tricks lesen und mit seinen Zauberkünsten überraschen
- Bibliotheksbesuch: Das Kind darf sich Bücher anschauen und nach eigenem Geschmack auswählen (auch Bücher für jüngere Kinder sollten erlaubt sein)
- Lesebilderbücher anbieten: Innerhalb der Texte sind teilweise Wörter durch Abbildungen ersetzt, was sehr motivierend ist
- „Stadt, Land, Fluss" spielen: Zu allen Kategorien soll ein Wort mit einem vorher festgelegten Anfangsbuchstaben gefunden werden (einfacher sind Kategorien mit größerem kindlichen Wortschatz: z.B. Tier, Beruf, Möbel)
- Wörter legen oder stempeln, z.B. mit Kinder-Scrabble, Buchstabenwürfeln, Magnetbuchstaben, Stempelkasten
- „Lesen im Kopf": Bandwurmwörter bilden, indem mit dem jeweils letzten Buchstaben ein neues Wort gebildet wird, z.B. Schuhe, Eltern, Nudel, Laster
- Geschichten beenden: Der Erwachsene liest eine Geschichte vor, den Schluss darf sich das Kind selbst ausdenken und aufschreiben
- Erwachsener schreibt Zettel mit sinnvollen und unsinnigen Sätzen: z.B. „Die Katze bellt viel zu laut". Das Kind liest die Sätze und beurteilt, ob sie stimmen oder nicht – am meisten Spaß machen witzige Sätze!
- „Geheimtinte" benutzen: Mit Zitronensaft oder Essig schreiben, trocknen lassen, unsichtbare Schrift über Kerzenflamme vorsichtig erwärmen, Schrift wird braun und lesbar

Lernen am Computer

Das Arbeiten am Computer weckt auch bei Kindern, die das Lesen und Schreiben meiden, die Lernfreude. Das Medium motiviert, außerdem sind fast alle Kinder am Computer konzentrierter, ausdauernder und mit mehr Elan als sonst bei der Sache!

Für das Kind mit LRS bieten sich sowohl Lern- als auch Spielprogramme an. LRS-Lernprogramme fördern u.a. die unterschiedlichen Wahrnehmungsbereiche, fordern zum Lesen und Schreiben auf und üben Rechtschreibregeln (Orthografie) ein. Viele Programme trainieren das Lesen und Schreiben des wichtigen Grundwortschatzes. Beim Kauf solcher Programme sollte jedoch genau auf Inhalt und Aufbau geachtet werden. In vielen Buchhandlungen kann man sich die Programme vorab anschauen oder beim Vertreiber eine Demoversion anfordern. Lernsoftware wird auch in öffentlichen Bibliotheken zum Verleih angeboten. Gleiches gilt für Spielprogramme, die ebenfalls gezielt ausgewählt werden sollten. Sinnvoll sind z.B. Geschicklichkeits-, Rate- oder Quizspiele.
Wichtig: Auch beim Üben am Computer sollte die Zeit begrenzt und das Kind vom Erwachsenen begleitet werden! Der Computer ist nur in ergänzender Form und nicht als Ersatz für die übrigen Übungen sinnvoll.

⇨ Zusammenfassung

Liegt eine LRS vor, ist zu Hause im alltäglichen Miteinander besonders die gefühlsmäßige Unterstützung des Kindes wichtig: Das Kind braucht Bestätigung und Zuspruch, um seine Schulschwierigkeiten bewältigen zu können. Daneben können Übungen zu Hause von Eltern und anderen Bezugspersonen durchgeführt werden. Das spielerische Üben sollte 15-20 Minuten täglich nicht überschreiten und auf einer Schwierigkeitsstufe beginnen, die das Kind gut bewältigen kann.
Ergänzend sollten Lernstrategien und -techniken vermittelt werden. Durch zusätzliches Schaffen von zwanglosen Lese- und Schreibanlässen im Alltag kann das Kind positiv an die Schriftsprache herangeführt werden. Als motivierendes Medium zur Förderung des Lesens und Schreibens ist der Computer geeignet. Mit ihm kann das Kind anhand von ausgesuchten Lern- und Spielprogrammen gefördert werden – Betreuung und zeitliche Begrenzung sollten jedoch gewährleistet sein.

| Literaturtipps

zum Problemverständnis
- Firnhaber, M.2007: Legasthenie und andere Wahrnehmungsstörungen. Ratgeber Fischer, Frankfurt a.M.
- Klein, J. 2009: Wenn es mit dem Lernen nicht klappt. Rowohlt, Reinbek
- Schulte-Körne, G. 2009: Elternratgeber Legasthenie. Knaur, München

weiterführende Literatur
- Ganser, B., Richter, W. 2005: Was tun bei Legasthenie in der Sekundarstufe? Auer, Donauwörth
- Schulte-Körne, G. (Hrsg.) 2011: Legasthenie und Dyskalkulie – Stärken erkennen, Stärken fördern. 13. Fachkongress des Bundesverbandes Legasthenie, Verlag Dr. Dieter Winkler, Bochum; beziehbar über den Bundesverband Legasthenie

Lesen, Schreiben, Sprache, Wahrnehmung
- Arends, M. 2009: Alles Banane, Verlag Mildenberg, Offenburg (Lese- und Rechtschreibförderung auf phonologischer Basis [für Eltern u. Therapeuten])
- Harnisch, G. 1998: Wie Kinder innerlich zur Ruhe kommen, Herder, Freiburg (Entspannung)
- Mein doppeldickes Spiel- und Rechtschreibbuch, 2005: Tessloff, Nürnberg (mit Rätseln)
- Mein großes Bilderlesebuch, 2012: Ravensburger Buchverlag (Begriffe teilweise durch Bilder ersetzt, motivierend)
- Küspert, P./Schneider, W. 2006: Hören, lauschen, lernen. Vandenhoeck & Ruprecht, Göttingen (besonders für den Kindergarten geeignet)
- Holzwarth-Raether, U. 2009: Das Grundschulwörterbuch. Duden, Mannheim (für das selbstständige Nachschlagen von Begriffen)
- Das große Spielen und Lernen Jahrbuch 2010, Family Media
- Schubert, U. 2010: Leselöwen spitzt die Ohren! Elfmetergeschichten. Jumbo Neue Medien, Hamburg (Kassette mit Elterntipps [zuhören, mitlesen, Geschichten verstehen])

Lernsoftware
- Cesar Home Lesen und Schreiben: CES Verlag, www.ces-verlag.de
- Klex 11, Profiversion: Tintenklex, www.legasthenie-software.de
- Der Neue Karolus: Veris Verlag, www.veris-direct.de
- Morfix-Meister, Programm zum Rechtschreibtraining für die Grundschule, geeignet auch für Kinder mit nicht-deutscher Muttersprache, www.bildungsserver.de
- Für Therapeuten: Labyrinth der Wörter 1.-9. Klasse: Sigmeta München, www.labyrinth-der-woerter.de

| Hilfreiche Adressen

Beim Bundesverband Legasthenie e.v. (BVL) kann umfassendes Informationsmaterial zum Thema LRS angefordert werden. U.a. gibt der Verband ein Merkblatt zur Finanzierung von LRS-Fachbehandlungen heraus. Die Bewilligung öffentlicher Gelder ist z.b. dann möglich, wenn das betroffene Kind aufgrund der LRS „seelisch behindert oder von einer solchen Behinderung bedroht ist" (§35a SGB).

- Bundesverband Legasthenie e.v. (BVL)
  Königstr. 32, 30175 Hannover
  Tel.: 0511 / 318738 – Fax: 0511 / 318739
  Internet: http://www.legasthenie.net

Informationen rund um die LRS (z.B. Legasthenieerlasse):
- www.legakids.net

Adressen von qualifizierten Legasthenie-Therapeuten:
- www.legasthenietrainer.com
- www.bvl-legasthenie.de/zertifizierung/einrichtungen

Eltern, deren Lese-Rechtschreibkenntnisse stark eingeschränkt sind, erhalten Hilfe unter:
- www.alphabetisierung.de oder dem alfa-Telefon: 0251-53 33 44

Unter folgenden Adressen können im Internet Informationen zu erwähnten Spielmaterialien angefordert werden:
- http://www.betzold.de
- http://www.der-kleine-verlag.de
- http://www.haba.de
- http://www.ravensburger.de
- http://www.schubi.com
- http://amigo-spiele.de
- http://eduplay.de

Lernkarteikästen können beim AOL-Verlag bestellt werden:
- AOL-Verlag, Bahnhofstr. 21-25, 21614 Buxtehude, Tel. 04161-74960-50
Informationen zum Prinzip der Lernkartei: unter www.aol-verlag.de